マンガでもっとうまくなる

少年サッカー

実践編《じっせんへん》

西東社

もくじ

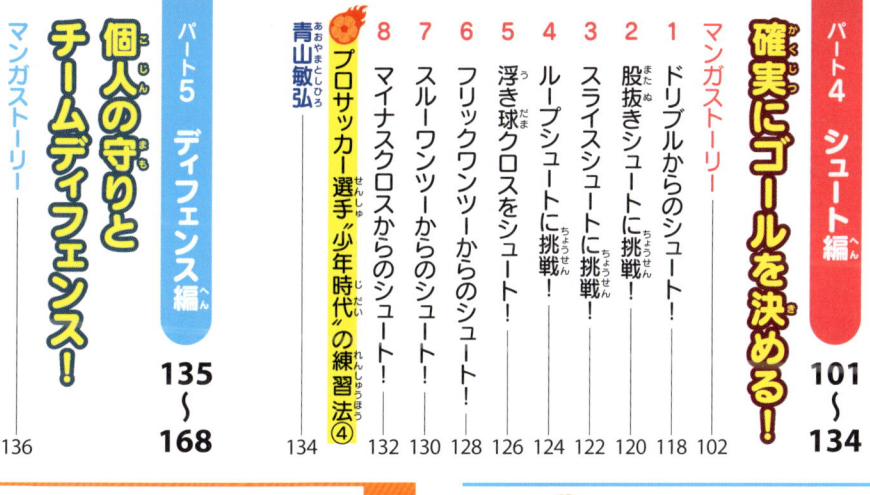

パート4 シュート編《へん》 101〜134

確実《かくじつ》にゴールを決《き》める！

パート5 ディフェンス編《へん》 135〜168

個人《こじん》の守《まも》りとチームディフェンス！

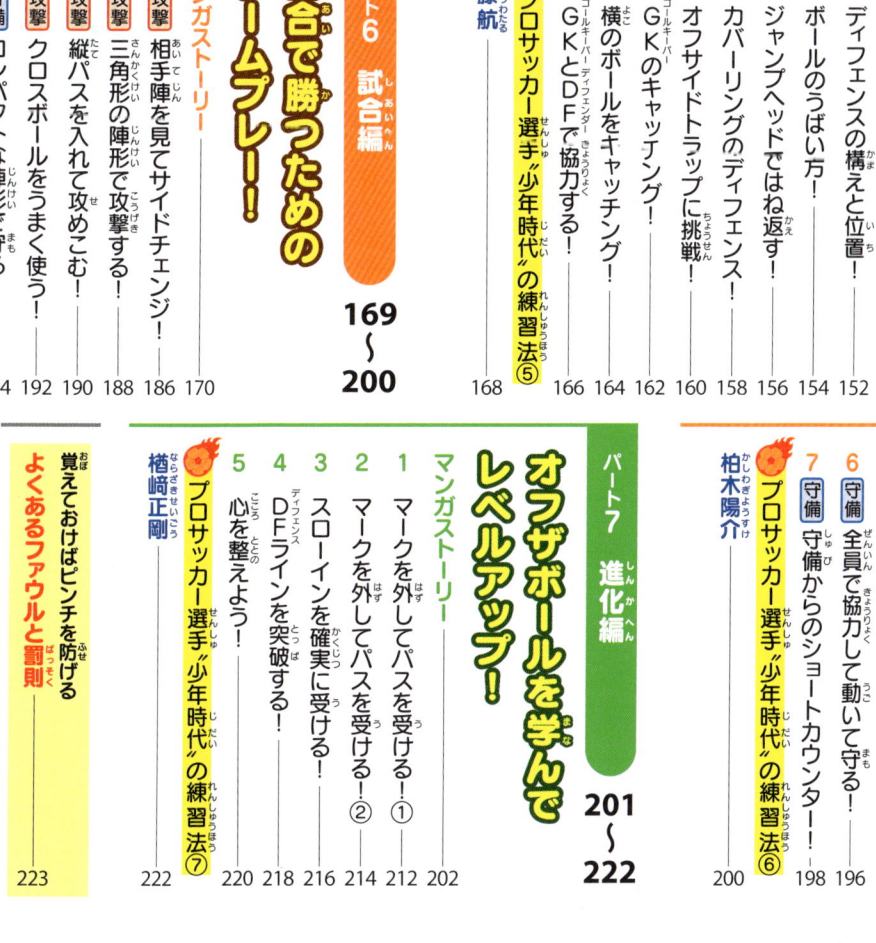

パート6 試合編《しあいへん》 169〜200

試合《しあい》で勝《か》つためのチームプレー！

パート7 進化編《しんかへん》 201〜222

オフザボールを学《まな》んでレベルアップ！

この本の見かた

この本の見かたを解説《かいせつ》するよ。しっかり読《よ》んでどんどんうまくなろう！

実技《じつぎ》ページ

パートごとに、ドリブルやシュートなどの技《ぎ》術《じゅつ》を紹介《しょうかい》！　さらに、チームでレベルアップするための戦術《せんじゅつ》もわかるぞ。イラストや解説《かいせつ》を見て、毎日の練習《れんしゅう》に役立《やくだ》てよう。

レベルアップ練習法

もっとうまくなるための練習法《れんしゅうほう》を紹介。ひとりで練習《れんしゅう》したり、仲間《なかま》と協力《きょうりょく》したりして練習《れんしゅう》してみよう！

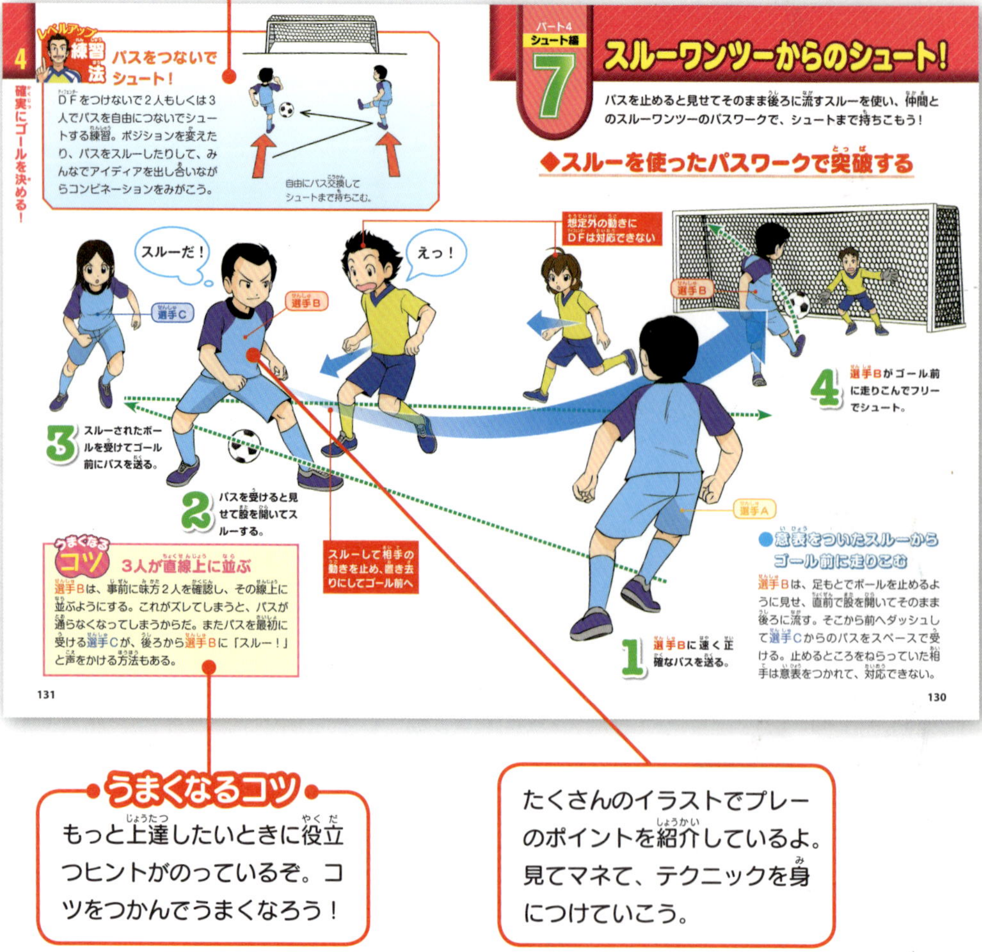

パート4
シュート編
7
スルーワンツーからのシュート！

パスを止めると見せてそのまま後《うし》ろに流《なが》すスルーを使い、仲間《なかま》とのスルーワンツーのパスワークで、シュートまで持《も》ちこもう！

◆スルーを使ったパスワークで突破《とっぱ》する

想定外《そうていがい》の動《うご》きに
DF《ディフェンダー》は対応《たいおう》できない
選手《せんしゅ》B
選手《せんしゅ》A
スルーだ！
えっ！
選手《せんしゅ》C
選手《せんしゅ》B
スルーして相手《あいて》の動《うご》きを止め、置《お》き去《ざ》りにしてゴール前へ

1 選手《せんしゅ》Bに速《はや》く正《せい》確《かく》なパスを送《おく》る。

2 パスを受《う》けると見せて股《また》を開《ひら》いてスルーする。

3 スルーされたボールを受《う》けてゴール前にパスを送《おく》る。

4 選手《せんしゅ》Bがゴール前に走りこんでフリーでシュート。

●意表《いひょう》をついたスルーからゴール前に走りこむ

選手《せんしゅ》Bは、足もとでボールを止めるように見せ、直前《ちょくぜん》で股《また》を開《ひら》いてそのまま後《うし》ろに流《なが》す。そこから前へダッシュして選手《せんしゅ》Cからのパスをスペースで受《う》ける。止めるところをねらっていた相《あい》手《て》は意表《いひょう》をつかれて、対応《たいおう》できない。

130

4
確実《かくじつ》にゴールを決《き》める！

レベルアップ練《れん》習《しゅう》法《ほう》
パスをつないでシュート！

DF《ディフェンダー》をつけないで２人もしくは３人でパスを自由につないでシュートする練習《れんしゅう》。ポジションを変《か》えたり、パスをスルーしたりして、みんなでアイディアを出し合《あ》いながらコンビネーションをみがこう。

自由にパス交換《こうかん》してシュートまで持《も》ちこむ。

うまくなるコツ
3人が直線上《ちょくせんじょう》に並《なら》ぶ

選手《せんしゅ》Bは、事前《じぜん》に味方《みかた》２人を確認《かくにん》し、その線上《せんじょう》に並《なら》ぶようにする。これがズレてしまうと、パスが通《とお》らなくなってしまうからだ。またパスを最初《さいしょ》に受《う》ける選手《せんしゅ》Cが、後《うし》ろから選手《せんしゅ》Bに「スルー！」と声《こえ》をかける方法《ほうほう》もある。

131

うまくなるコツ

もっと上達《じょうたつ》したいときに役立《やくだ》つヒントがのっているぞ。コツをつかんでうまくなろう！

たくさんのイラストでプレーのポイントを紹介《しょうかい》しているよ。見てマネて、テクニックを身《み》につけていこう。

マンガページ

主人公《しゅじんこう》の颯太《そうた》を中心にしたサッカーものがたり。一人ひとりはもちろん、チームみんなでうまくなれる情報《じょうほう》がいっぱいだ。

颯太《そうた》のサッカー成長《せいちょう》ものがたり

よく使うサッカー用語《ようご》を解説《かいせつ》しているよ。

颯太《そうた》を中心に、サンライズSC《エスシー》のみんなが優勝《ゆうしょう》を目指《めざ》して成長《せいちょう》していく。楽《たの》しく読《よ》みながら、サッカーで大《だい》事なテクニックや考え方が身《み》につくぞ！

実技解説《じつぎかいせつ》マンガ

マンガに出てくるプレーのポイントを紹介《しょうかい》。読《よ》むだけでたくさんのコツがわかるぞ。

特別《とくべつ》ページ

みんなも知っているプロサッカー選手《せんしゅ》が、子どものころのサッカーの思い出と、当《とう》時《じ》実践《じっせん》していた「ためになる」練習法《れんしゅうほう》を大公開《だいこうかい》！

登場《とうじょう》するのは**トップレベルの選手《せんしゅ》ばかり!** どうすればうまくなれるのか、ヒントをつかもう!

プロサッカー選手“少年時代”の練習法❶

1対《たい》2でも勝《か》てる力《ちから》をつける！

僕《ぼく》がサッカーを始《はじ》めたのは、サッカー好きの両親《りょうしん》や地元《じもと》のチームに入っていた2人の兄《あに》の影響《えいきょう》です。小学生《しょうがくせい》のころは、チーム練習後《れんしゅうご》にひとりでもドリブルの練習《れんしゅう》をしていました。ただボールを蹴《け》って走るのではなく、「前にディフェンスが1人いる！」とか「2人がかりでよせてきた！」なんてイメージしながら練習《れんしゅう》するのが楽《たの》しかったですね。

あとは、攻撃《こうげき》と守備《しゅび》に分《わ》かれて1対《たい》1の基本的《きほんてき》な練習《れんしゅう》もいいですが、攻撃《こうげき》1人で守備《しゅび》2人の練習《れんしゅう》もおススメです。ルールは、攻撃《こうげき》の選手《せんしゅ》が点を取《と》れたらもう一度《いちど》プレーしてもいいけど、ボールを取《と》られたら守備側《しゅびがわ》の選手《せんしゅ》1人と交代《こうたい》してやるものです。この練習《れんしゅう》をすると、1対《たい》1で勝《か》つことが前よりもかんたんになりました。

誰《だれ》でも最初《さいしょ》はできないことが多《おお》いと思《おも》います。でも僕《ぼく》は、できないことを「どうやったらできるようになるか」を考《かんが》えて練習《れんしゅう》することが楽《たの》しかったし、できるようになったら、もっと楽《たの》しくなれました。楽《たの》しかったから続《つづ》けてこられたので、みんなもまずは楽《たの》しくやってもらえればと思《おも》います。

日本を代表《だいひょう》する
天才《てんさい》ドリブラー
宇佐美貴史《うさみたかし》
（ガンバ大阪《おおさか》／FW《フォワード》）

36

この本で活躍《かつやく》するおもな登場人物《とうじょうじんぶつ》

藤堂純一《とうどうじゅんいち》

海野渚《うみのなぎさ》

東野美空《ひがしのみそら》

長石勇太《ながいしゅうた》

岡田走《おかだかける》

高陽颯太《たかひそうた》

基本編《きほんへん》

パート

1

うまくなるための基《き》礎《そ》力《りょく》アップ！

パート１のポイント

サッカーがうまくなるためには、ボールの転《ころ》がり方や弾《はず》み方を知り、コントロールできるようになることが必要《ひつよう》だ。ボールを自由に動《うご》かすための体づくりやリフティング練習《れんしゅう》で、基《き》礎《そ》力《りょく》をアップしよう！

練習試合《れんしゅうじあい》
サンライズＳＣ《エスシー》 対《たい》 ブルーペガサスＦＣ《エフシー》
ワァ
ワァ
ドドド
ドド
高陽颯太《たかひそうた》
サンライズＳＣ《エスシー》
キャプテンでＦＷ《フォワード》
通称《つうしょう》『ピッチをかける風《かぜ》』
渚《なぎさ》！
こっちだ！

海《うみ》野《の》渚《なぎさ》
サンライズSC《エスシー》
MF《ミッドフィルダー》
はっ
はっ
はっ
颯《そう》太《た》くん！
ビッ
ポーン
ああっ！ボールがそれた！
おっと！
パシッ
すげぇ！さすが颯《そう》太《た》！
ボールの勢《いきお》いが止《と》まったぞ！

いけぇぇぇぇぇ！
よっしゃぁあああ！
ワー

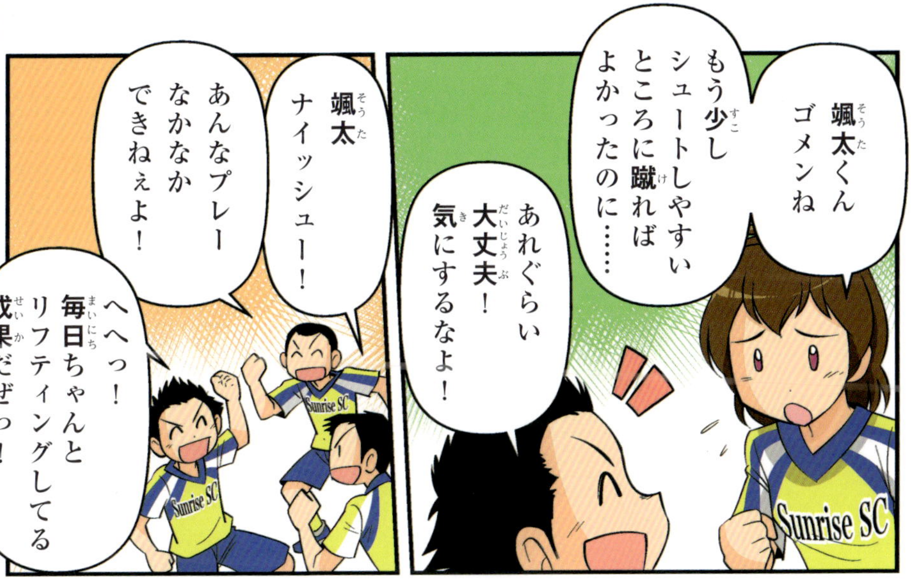

スキルアップ！ リフティングに挑戦《ちょうせん》！

▶▶34ページへ

先制点《せんせいてん》をうばったサンライズSC《エスシー》だったが……
その後《ご》ブルーペガサスFC《エフシー》にペースをうばわれていった……
ワァ
ワァー
ダダダ
東野美空《ひがしのみそら》
ブルーペガサスFC《エフシー》
MF《ミッドフィルダー》
走《かける》くん!
ボン
スルーパスか! でもこれだとボールが速《はや》すぎるんじゃ……
ダッ
スルーパス
相手守備陣《あいてしゅびじん》の間《あいだ》を抜《ぬ》くパス。

よっしゃああ!
岡田走《おかだかける》
ブルーペガサスFC《エフシー》
FW《フォワード》
B.Pegasus
ドドドドド
あとは俺《おれ》にまかせろ!
B.Pegasus
ビシィィ!
ズバ
おお!
あのFW《フォワード》…
すげぇ!

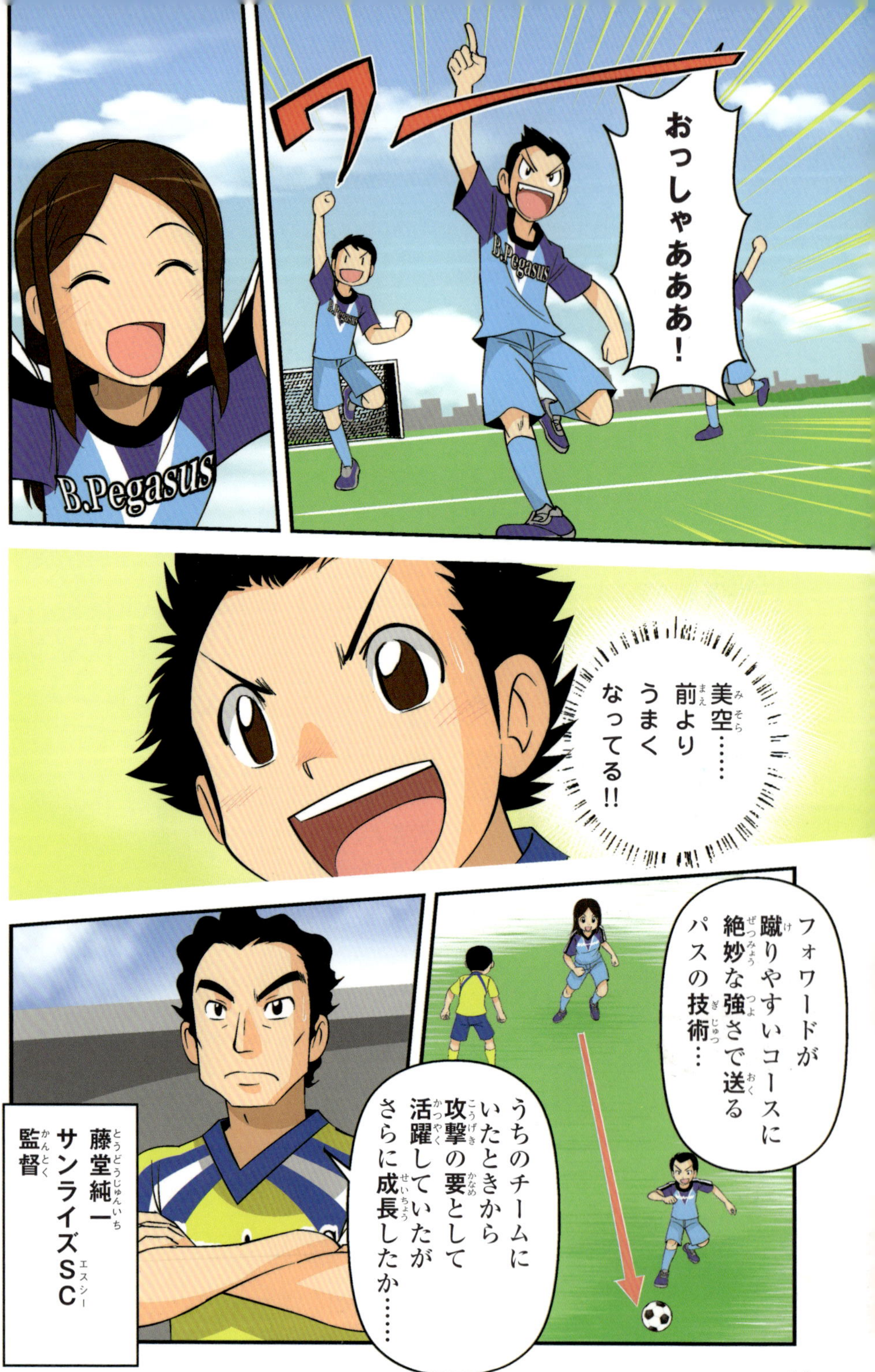

ワー
おっしゃあああ!
美空《みそら》……前《まえ》よりうまくなってる!!
フォワードが蹴《け》りやすいコースに絶妙《ぜつみょう》な強《つよ》さで送《おく》るパスの技術《ぎじゅつ》…
うちのチームにいたときから攻撃《こうげき》の要《かなめ》として活躍《かつやく》していたがさらに成長《せいちょう》したか……
藤堂純一《とうどうじゅんいち》
サンライズSC《エスシー》
監督《かんとく》

引《ひ》っ越《こ》しでチームが変《か》わるのはしかたないが…美空《みそら》がうちのチームからいなくなったのは大打撃《だいだげき》だな……
ズバーン
サンライズSC《エスシー》はその後《ご》さらに2点《てん》を失《うしな》い1対《たい》3で負《ま》けた
よっしゃあああ！
試合後《しあいご》
あ〜〜
おい！高《たか》陽《ひ》颯《そう》太《た》！

おまえは…ブルーペガサスの岡田走《おかだかける》！
高陽颯太《たかひそうた》！
おまえ……県《けん》の選抜《せんばつ》メンバーのくせに全然《ぜんぜん》スゴくねえな！今日《きょう》の試合《しあい》で1得点《とくてん》しかしてないだろ！
へへん
オレなんかハットトリックだぜ！
選抜《せんばつ》チームオレと代《か》われよ！
ハットトリック
1試合《しあい》で1人《り》の選手《せんしゅ》が3得点《とくてん》以上《いじょう》とること。
カチン
な…なんだとおお！
ちょっと！走《かける》くんやめなさい！
そーゆーこといわないの！
ビクッ!!

ほら
もう行《い》くわよ！
なんだよぉぉ
もっと言《い》って
やりたいのに！
ごめんね
たしかに…
あいつの
ボールに向《む》かう
気《き》持《ち》ちは
ハンパじゃない…
だけど
あんな好《す》き勝《かっ》手《て》
いわれるなんて…
くやしいっ！
くやしすぎる――！
ムキー！
ダダン
Sunrise SC

ただいまー
バタ
ん？
誰《だれ》か
来《き》てるのかな？
あ おかえり
颯太《そうた》にお客様《きゃくさま》よ
え？
オレに？
ガチャ
おお颯太《そうた》！
いいところに
帰《かえ》って来《き》たな
やあ
颯太《そうた》くん
今日《きょう》の試合《しあい》は
残念《ざんねん》だったね
えっ
なんでそれを？

ズシャァ
あっ わかった！ グラウンドの そうじの人《ひと》？
いてて
あのな…この方《かた》は 東光大学附属中学《とうこうだいがくふぞくちゅうがく》 サッカー部《ぶ》の監督《かんとく》の 遠野《とおの》さんだぞ
ええっっっ！ 東光大附属《とうこうだいふぞく》って！
そっ！ 多《おお》くのJ《ジェイ》リーガーを 輩出《はいしゅつ》してる 颯太《そうた》のあこがれの サッカー部《ぶ》よね！
キラ
はじめまして 颯太《そうた》くん キミに大事《だいじ》な 話《はな》しがあってね

颯《そう》太《た》くん…… 来年《らいねん》 小学校《しょうがっこう》を卒業《そつぎょう》したら
うちのサッカー部《ぶ》に 来《こ》ないか?
Sunrise SC
オ オレが 東光大《とうこうだい》附属《ふぞく》の サッカー部《ぶ》に!?
うむ…
だが無条件《むじょうけん》で というわけには いかないんだ じつはもうひとり さそっている 選手《せんしゅ》がいてね
颯《そう》太《た》くんとその選手《せんしゅ》の どちらかしか 入部《にゅうぶ》することが できないんだ

その もうひとりって!?
ブルーペガサスFC《エフシー》の岡田走《おかだかける》くんだ
な なにいいっっ……!?
あいつとオレのどちらかが東光《とうこう》大《だい》附《ふ》属中《ぞくちゅう》に……!
条件《じょうけん》はね 今度《こんど》うちの大学《だいがく》が開催《かいさい》する『東光大学《とうこうだいがく》カップ少年《しょうねん》サッカー大会《たいかい》』で優勝《ゆうしょう》することだ
おおっ!
ただ…
今《いま》のままだと きみたちは 勝《か》てないと思《おも》う
ええっ どうして?

それはね…今《いま》のサンライズSC《エスシー》には大《おお》きな問題《もんだい》があるからだ
きみはキャプテンとしてその問題《もんだい》を解決《かいけつ》しチームを優勝《ゆうしょう》に導《みちび》かなくてはならない
颯太《そうた》……どうだ？できるか？
よ…よおおおっし！
やる！やってやるぜ！
Sunrise SC
そうと決《き》まれば練習《れんしゅう》だ！
グオオオ

ちょっと公園《こうえん》行《い》ってくるぜ！
あ…まだ説明《せつめい》が…
バン
うおおおおおおおお――っ！
バビューン
ポカ〜〜〜ン…
すみませんああいう子《こ》なんで…
は ははは…
教《おし》えがいがありそうですな！
ズズー
ペコペコ

パート1
基本編

1 ボールをコントロールしよう！

ボールの転《ころ》がり方や弾《はず》み方、手でキャッチしたり足で止めたりしたときの違《ちが》いなど、ボールコントロールをうまくなろう！

◆浮《う》き球《だま》のボールをキャッチする

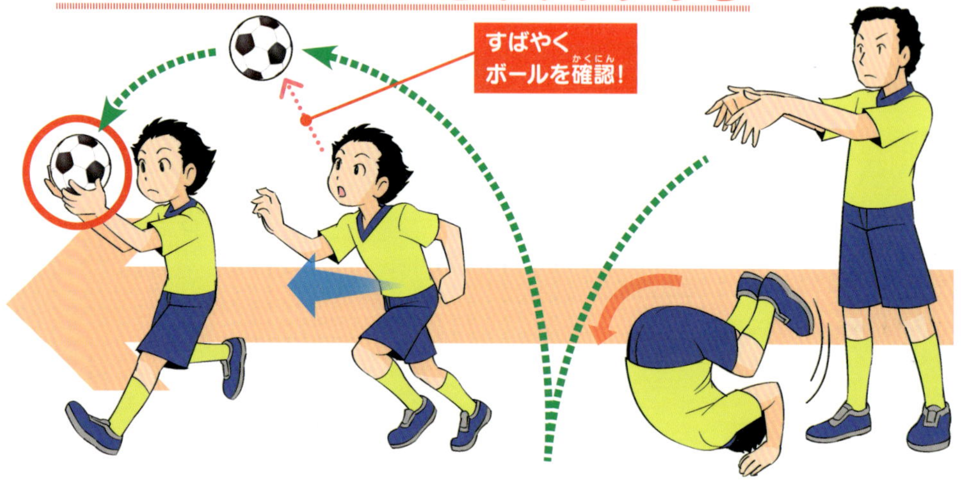
すばやく
ボールを確認《かくにん》!

1 ボールを地面《じめん》に弾《はず》ませてもらい、でんぐり返《がえ》し。

2 すぐに立ってボールに向《む》かってダッシュ。

3 ボールを手でキャッチする。

◆ターンしてゴロを止める

1 股《また》の間《あいだ》にゴロを軽《かる》く蹴《け》ってもらい、すばやくターン。

2 足でボールを正確《せいかく》に止める。

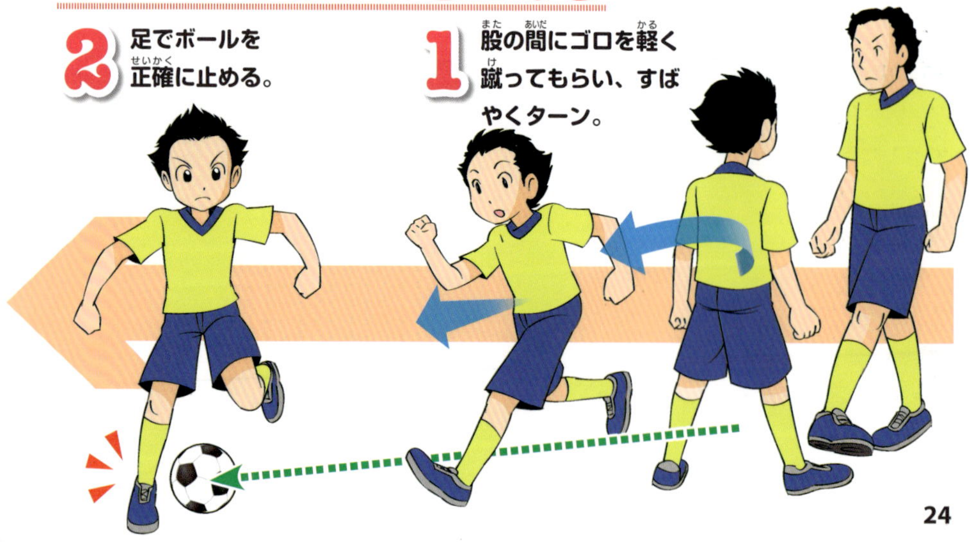

◆ターンして浮《う》き球《だま》を止める

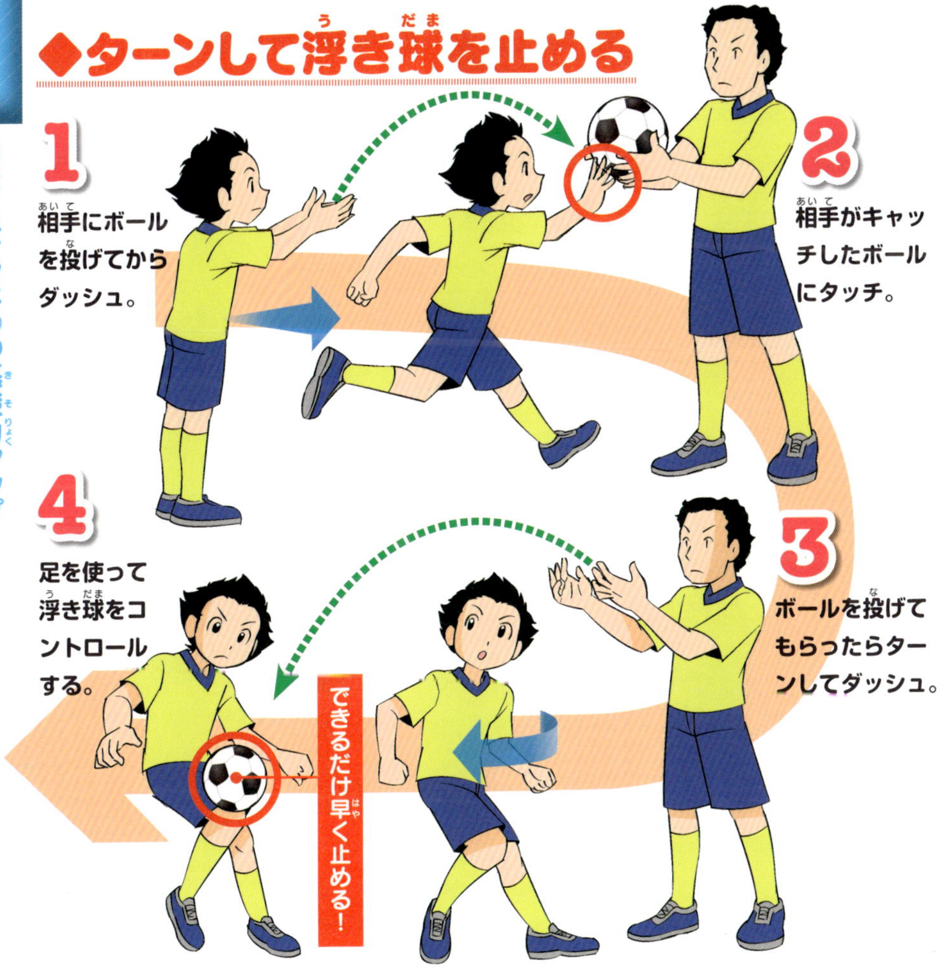
1
相手《あいて》にボールを投《な》げてからダッシュ。
2
相手《あいて》がキャッチしたボールにタッチ。
3
ボールを投《な》げてもらったらターンしてダッシュ。
4
足を使って浮《う》き球《だま》をコントロールする。
できるだけ早《はや》く止める!

●ボールを外《そと》に蹴《け》り出すゲーム

それぞれボールを持《も》って四角《しかく》のエリアの中に入り、相手《あいて》のボールを外に蹴《け》り出すゲーム。エリアの大きさは参加《さんか》する人数《にんずう》によって決《き》める。

最後《さいご》まで残《のこ》れるようボールを守《まも》りながら、相手《あいて》のボールを蹴《け》り出そう。

パート1
基本編
2 ストレッチをしよう！

ストレッチで体を動《うご》かす準備《じゅんび》をしよう。ケガをしない体をつくるだけでなく、すばやく力強《ちからづよ》い動《うご》きが身《み》につくぞ。

◆運動《うんどう》前のストレッチ

上下《じょうげ》のボール渡《わた》し

1 足を開《ひら》いて背中合《せなかあ》わせに立ち、ボールを上げて相手《あいて》に渡《わた》す。

2 ボールを股《また》の下から渡《わた》す。この動《うご》きを5回《かい》くり返《かえ》す。

なるべくヒザを曲《ま》げないように！

体をひねってボール渡《わた》し

1 少し距離《きょり》をとって背中合《せなかあ》わせで立ち、体をひねってボールを渡《わた》す。

2 受《う》けとる人は逆方向《ぎゃくほうこう》からひねりボールをもらう。これを5回《かい》くり返《かえ》す。

リズムよく受《う》け渡《わた》す！

◆運動後《うんどうご》のストレッチ

モモの前とヒザ周《まわ》りを伸《の》ばす（左右《さゆう》8秒《びょう》）

左足で立って右足を曲《ま》げ、右足を右手で持《も》ってお尻《しり》のほうに引きよせる。

片足《かたあし》でバランスをとる

足の裏側《うらがわ》を伸《の》ばす（左右《さゆう》8秒《びょう》）

左ヒザをついて右足を真《ま》っすぐ前に伸《の》ばし、ツマ先《さき》を右手で持《も》つ。

ツマ先《さき》は軽《かる》く持《も》つイメージ

股関節《こかんせつ》をやわらかくする（10秒《びょう》）

両足《りょうあし》を開《ひら》いてツマ先《さき》を外側《そとがわ》に向《む》ける。その状態《じょうたい》から上《じょう》半身《はんしん》を落《お》とす。

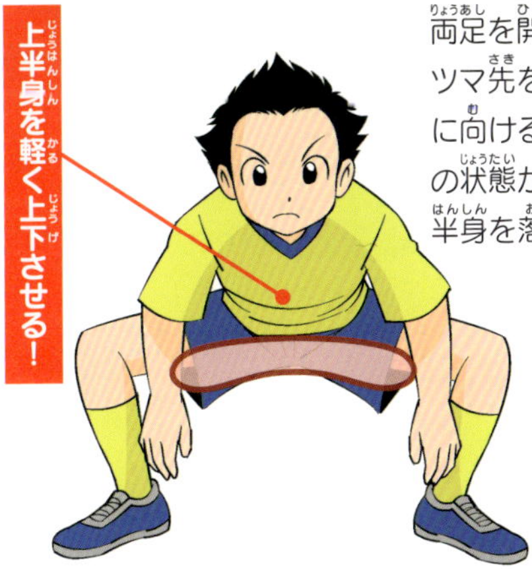
上半身《じょうはんしん》を軽《かる》く上下《じょうげ》させる！

お尻《しり》の筋肉《きんにく》を伸《の》ばす（左右《さゆう》8秒《びょう》）

あぐらをかいた状態《じょうたい》から左足を体の右側《みぎがわ》に持《も》っていく。そして右腕《みぎうで》で左ヒザを引きよせ、お尻《しり》の筋肉《きんにく》を伸《の》ばす。

アキレス腱《けん》を伸《の》ばす（左右《さゆう》8秒《びょう》）

腕立《うでた》てふせの状態《じょうたい》から足を交差《こうさ》させる。地面《じめん》についている足のアキレス腱《けん》を伸《の》ばす。

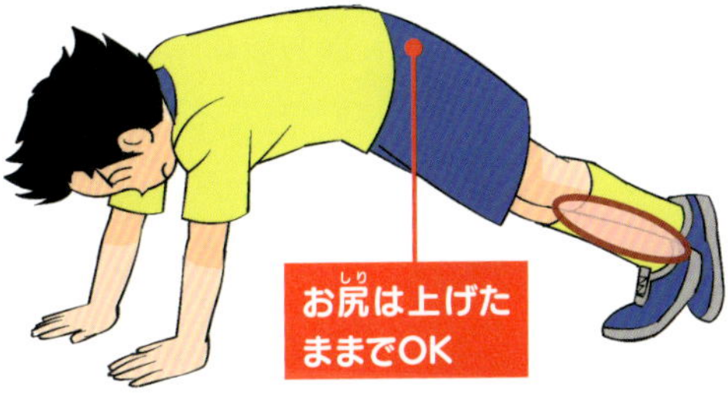
お尻《しり》は上げたままでOK

パート1
基本編

3 強《つよ》いキックができる体づくり！

サッカーではボールを蹴《け》る力と技術《ぎじゅつ》が重要《じゅうよう》だ。まずは、バランスよくキックをするための体幹《たいかん》トレーニングに挑戦《ちょうせん》してみよう！

◆バランスをくずさずに足を振《ふ》る

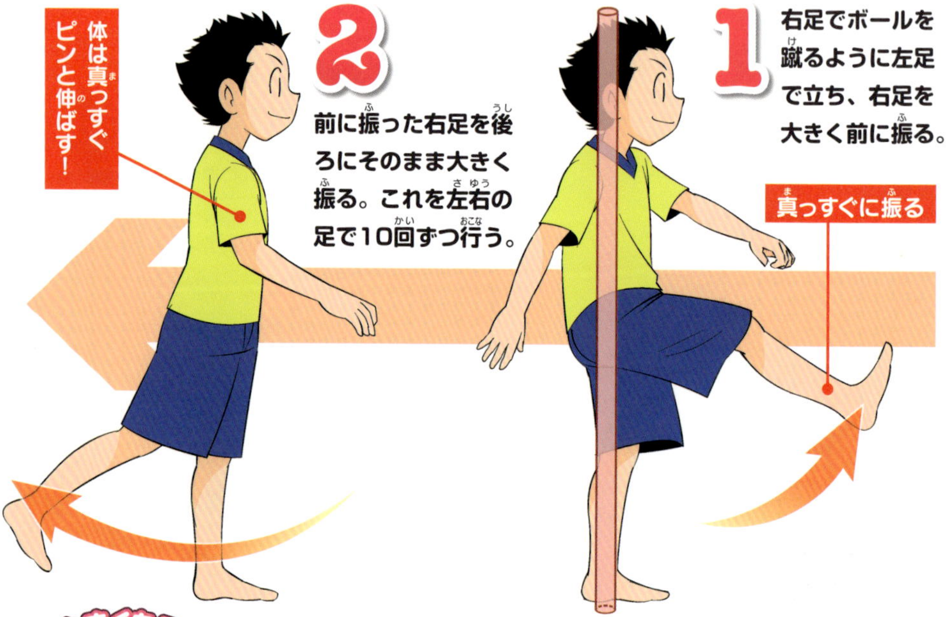

1 右足でボールを蹴《け》るように左足で立ち、右足を大きく前に振《ふ》る。

2 前に振《ふ》った右足を後《うし》ろにそのまま大きく振《ふ》る。これを左右《さゆう》の足で10回《かい》ずつ行《おこな》う。

うまくなるコツ

体の軸《じく》は真《ま》っすぐにキープ！

体が前に倒《たお》れたり、グラグラして足をついてしまったりしないように注意《ちゅうい》。腕《うで》を使ってバランスをとりながら体を真《ま》っすぐにたもち、顔《かお》も前を見るようにしっかり上げて行《おこな》おう。

体の軸《じく》がブレると悪《わる》いクセがつくので注意《ちゅうい》。

◆足を伸《の》ばして上下《じょうげ》に動《うご》かす

1 あお向《む》けから上体《じょうたい》を起《お》こし、右足を伸《の》ばす。左足は直角《ちょっかく》に曲《ま》げる。

ツマ先《さき》までピンと伸《の》ばす!

2 右足を伸《の》ばしたまま、左足の角度《かくど》まで足を上げる。

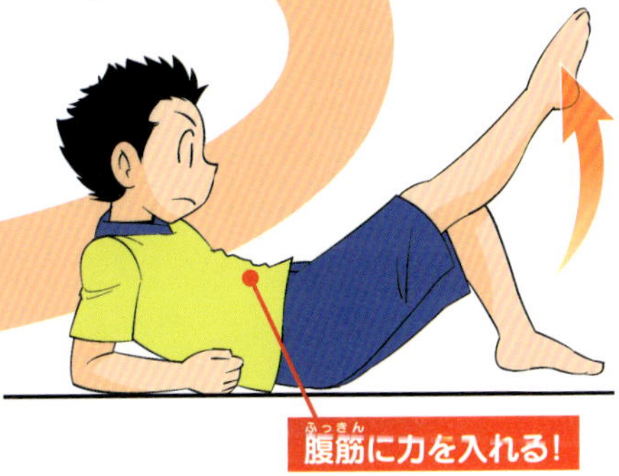
腹筋《ふっきん》に力を入れる!

3 右足を床《ゆか》のギリギリまで下ろす。この動《うご》きを左右《さゆう》10回《かい》ずつくり返《かえ》す。

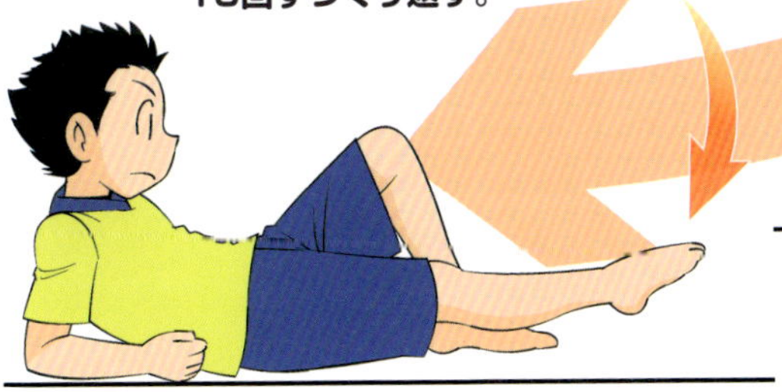

◆横向《よこむ》きで足を上げて腕《うで》を伸《の》ばす

1 横《よこ》を向《む》いて肩《かた》の真下《ました》に左ヒジを立て、右手を体の横《よこ》につける。

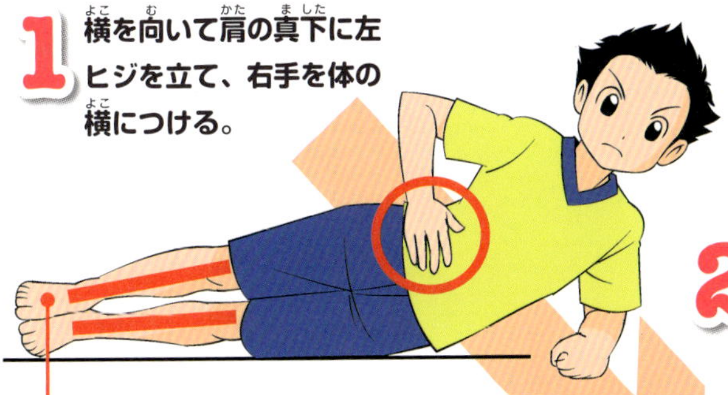

2 左腕《ひだりうで》を前に出し、右足を上げて3秒間《びょうかん》キープしてからもどす。左右《さゆう》10回《かい》ずつ行《おこな》う。

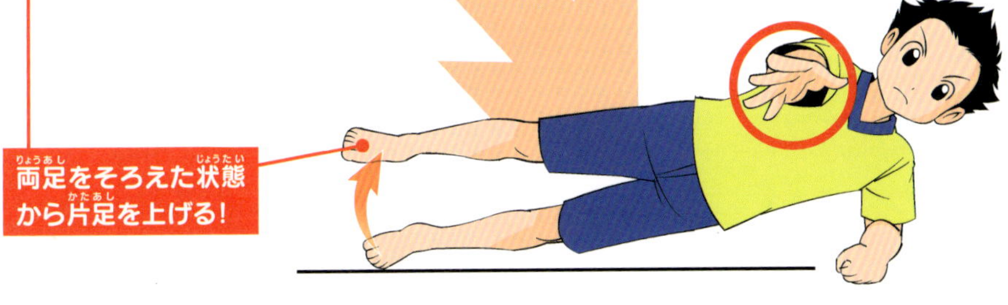
両足《りょうあし》をそろえた状態《じょうたい》から片足《かたあし》を上げる!

4 当たり負《ま》けしない体をつくる！

サッカーの試合《しあい》で必《かなら》ずある体のぶつかり合《あ》い。当たり負《ま》けしないために、仲間《なかま》と競《きそ》い合《あ》いながらブレない体をつくっていこう！

◆ショルダーチャージからのダッシュ

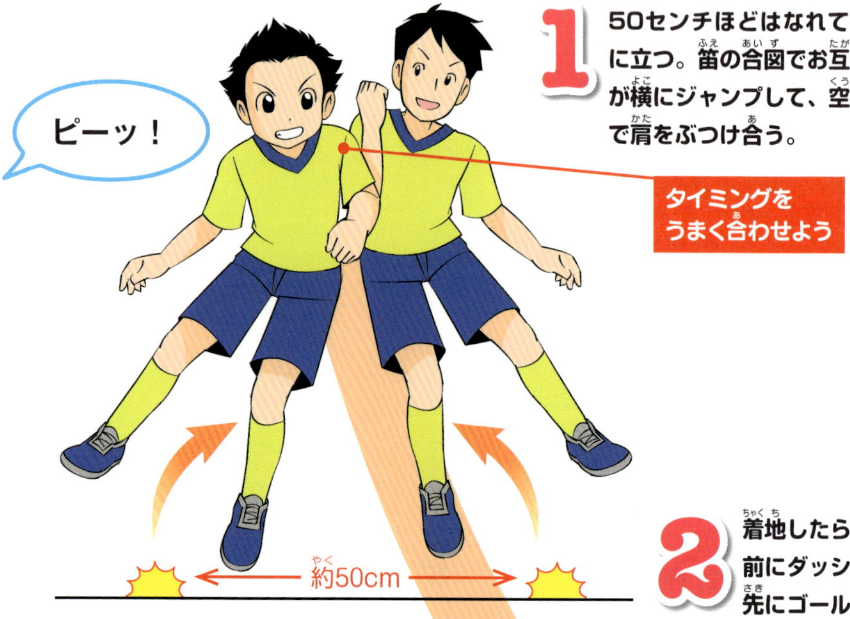
ピーッ！
タイミングを
うまく合《あ》わせよう
約《やく》50cm

1 50センチほどはなれて横《よこ》に立つ。笛《ふえ》の合図《あいず》でお互《たが》いが横《よこ》にジャンプして、空中《くうちゅう》で肩《かた》をぶつけ合《あ》う。

2 着地《ちゃくち》したらすぐに前にダッシュする。先《さき》にゴールしたほうが勝《か》ち。

うまくなるコツ 着地《ちゃくち》からのダッシュが重要《じゅうよう》

ぶつかった後《あと》の着地《ちゃくち》でバランスをくずさず、すぐにダッシュできるように意識《いしき》しよう。これをくり返《かえ》すことで、試合《しあい》でドリブルしているときにチャージされても、しっかりとボールをキープすることができるのだ。

◆ジャンプして胸《むね》をぶつけてからのダッシュ

1 50センチほどはなれて立つ。合図《あいず》の笛《ふえ》がなったらお互《たが》いがジャンプして、胸《むね》をぶつけ合《あ》う。

2 着地《ちゃくち》したらすばやく前を向《む》き、ダッシュして先《さき》にゴールしたほうが勝《か》ち。

ピーッ！
年少者《ねんしょうしゃ》は手で押《お》し合《あ》ってもOK
約《やく》50cm

●ボールをキープするトレーニング

相手《あいて》に体をぴたりとよせられてもボールキープするトレーニング。あまりその場《ば》から動《うご》かないまま足の裏《うら》などでボールを扱《あつか》い、相手《あいて》に押《お》されても、体を横《よこ》にして踏《ふ》んばってみよう。

1分間《ぶんかん》ボールをキープできるか挑戦《ちょうせん》！

重心《じゅうしん》を低《ひく》くして相手《あいて》のプレッシャーに耐《た》えよう。

パート1
基本編
5
リフティングをうまくなろう！

いろいろな足の部分《ぶぶん》やモモ、頭《あたま》などを使い、ボールを落《お》とさずリフティングすることで、ボールタッチの技術《ぎじゅつ》をみがいていこう！

◆体のいろいろな部分《ぶぶん》でボールタッチする

●インステップでミート

足の甲《こう》にボールを当て、真《ま》っすぐに上に上げる。左右連続《さゆうれんぞく》してする。

足首《あしくび》を固定《こてい》する！
顔《かお》の高さくらいまで上げる。

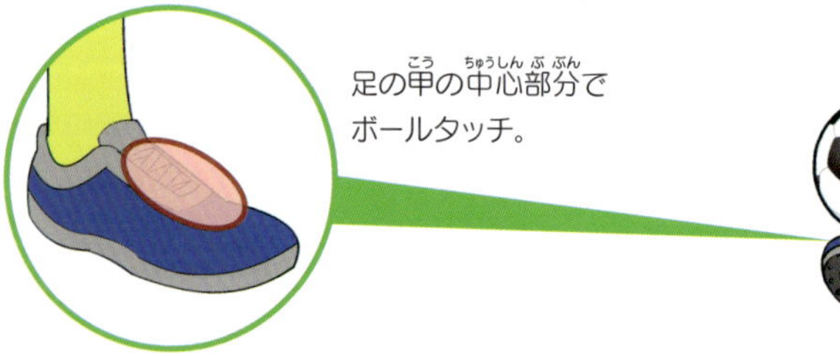

足の甲《こう》の中心部分《ちゅうしんぶぶん》でボールタッチ。

●アウトサイドでミート

ヒザを内側《うちがわ》に曲《ま》げ、アウトサイド面《めん》が水平《すいへい》になるまで上げてタッチする。

体のななめ前くらいでタッチするイメージ。

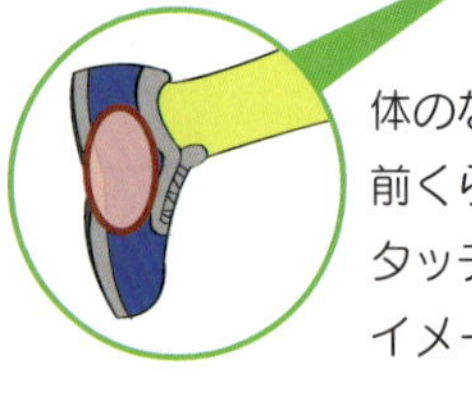

くるぶしをふくめた足の外側《そとがわ》でタッチ。

●インサイドでミート

インサイドの面《めん》が水《すい》平《へい》になるくらいまで上げてタッチする。

体の正面《しょうめん》でタッチするイメージ。

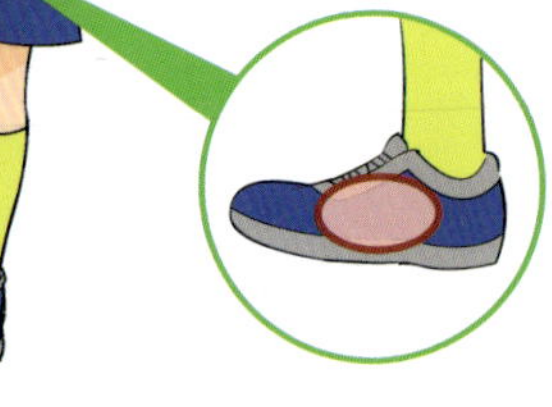

足の内側《うちがわ》の真《ま》ん中《なか》あたりでタッチ。

●頭《あたま》でミート

額《ひたい》の中心《ちゅうしん》でボールをミートし、頭上《ずじょう》に上げる。ボールの落下点《らっかてん》を見極《みきわ》め、すばやく移動《いどう》する。

頭《あたま》と首《くび》はつねに固定《こてい》してボールタッチする。

●モモでミート

モモの中心《ちゅうしん》でミートして、真上《まうえ》にボールを上げる。左右《さゆう》でくり返《かえ》しタッチできるようにする。

モモが水平《すいへい》になるまで上げ、モモの中心《ちゅうしん》でタッチする。

段階《だんかい》を踏《ふ》んでレベルアップする

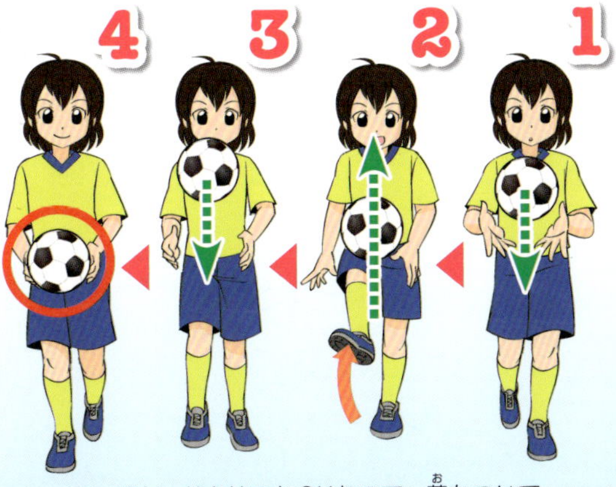

ワンバウンドさせてもOKなので、落《お》ちついて正確《せいかく》にやることを心《こころ》がける。

リフティングが苦手《にがて》な人は、いきなり連続《れんぞく》してやるのはむずかしい。そこで、一度《いちど》ボールをタッチしたら、手でキャッチする練習《れんしゅう》に挑戦《ちょうせん》しよう。なれてきたら手を使わないなど、段階《だんかい》を踏《ふ》んでうまくなろう。

パート1
基本編

6 華麗《かれい》なリフティングに挑戦《ちょうせん》！

リフティングはやればやるほどうまくなる技術《ぎじゅつ》だ。少しずつなれてきたら、むずかしい華麗《かれい》なリフティングにも挑戦《ちょうせん》してみよう！

◆アラウンド・ザ・ワールド（世界一周《せかいいっしゅう》）

1 右足でインステップのリフティングをくり返《かえ》す。

2 ボールが上がった瞬間《しゅんかん》にすばやく右足を内側《うちがわ》へ回《まわ》す。

3 右足を内側《うちがわ》から回《まわ》して上げていく。

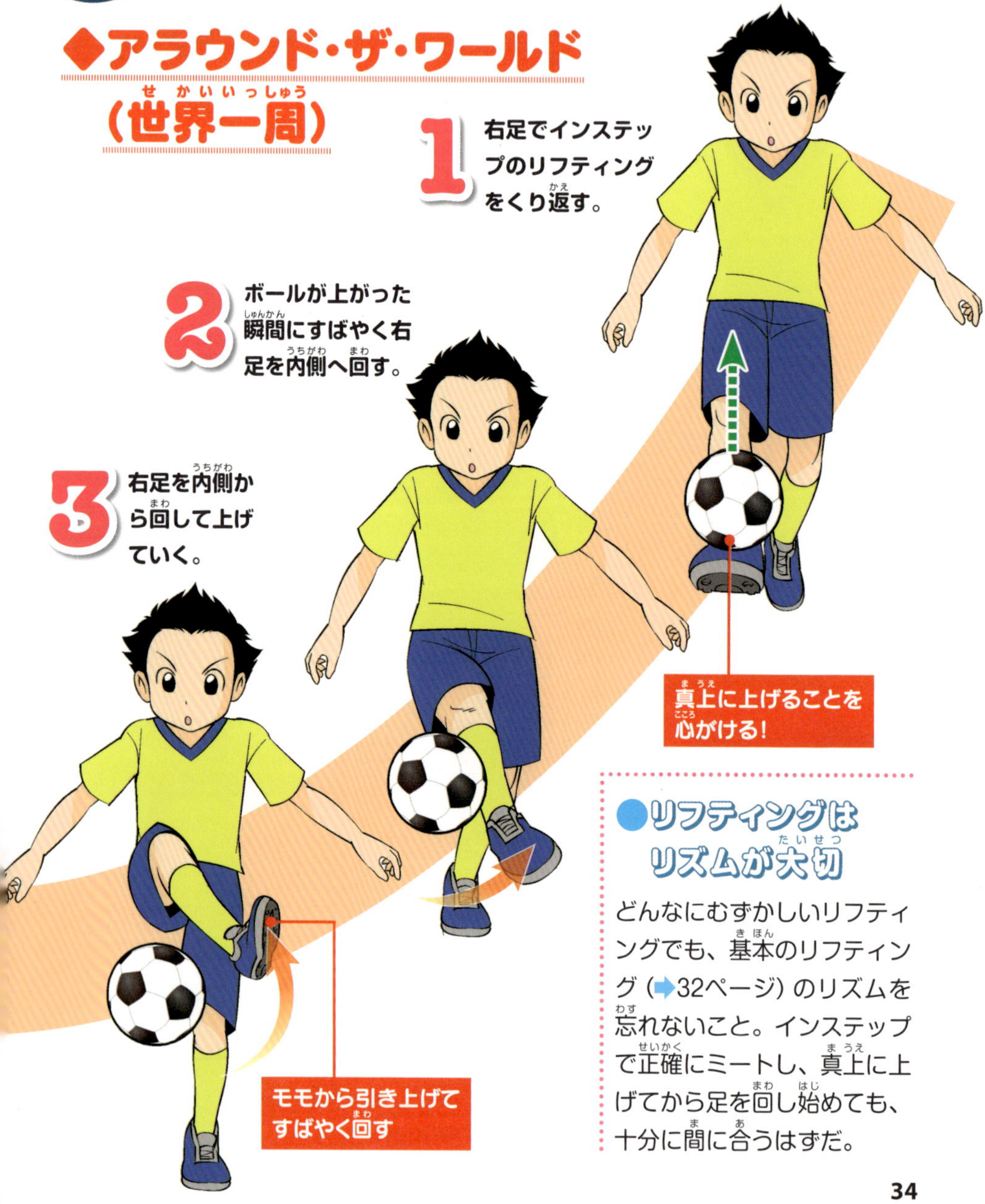

真上《まうえ》に上げることを心《こころ》がける！
モモから引き上げてすばやく回《まわ》す

●リフティングはリズムが大切《たいせつ》

どんなにむずかしいリフティングでも、基本《きほん》のリフティング（➡32ページ）のリズムを忘《わす》れないこと。インステップで正確《せいかく》にミートし、真上《まうえ》に上げてから足を回《まわ》し始《はじ》めても、十分に間《ま》に合《あ》うはずだ。

4
ボールの上に右足
を持《も》っていく。
5
ボールが落《お》ちるス
ピードよりも速《はや》く、
右足を下ろす。
ボールから目を
はなさない
6
ボールの下に
右足を持《も》って
いく。
7
右足インステッ
プでボールタッ
チする。
正確《せいかく》にミートして
リフティングをつづける
ボールを高く
上げ過《す》ぎると
足を回《まわ》せない。

プロサッカー選手
"少年時代"の
練習法①

1対《たい》2でも勝《か》てる力《ちから》をつける!

僕《ぼく》がサッカーを始《はじ》めたのは、サッカー好《ず》きの両親《りょうしん》や地元《じもと》のチームに入っていた2人の兄《あに》の影響《えいきょう》です。小学生《しょうがくせい》のころは、チーム練習《れんしゅう》後《ご》にひとりでもドリブルの練習《れんしゅう》をしていました。ただボールを蹴《け》って走るのではなく、**「前にディフェンスが1人いる!」**とか**「2人がかりでよせてきた!」**なんて**イメージしながら練習《れんしゅう》する**のが楽《たの》しかったですね。

あとは、攻撃《こうげき》と守備《しゅび》に分《わ》かれて1対《たい》1の基本的《きほんてき》な練習《れんしゅう》もいいですが、**攻撃《こうげき》1人で守備《しゅび》2人の練習《れんしゅう》**もおススメです。ルールは、攻撃《こうげき》の選手《せんしゅ》が点を取《と》れたらもう一度《いちど》プレーしてもいいけど、ボールを取《と》られたら守備側《しゅびがわ》の選手《せんしゅ》1人と交代《こうたい》してやるものです。この練習《れんしゅう》をすると、1対《たい》1で勝《か》つことが前よりもかんたんになりました。

誰《だれ》でも最初《さいしょ》はできないことが多《おお》いと思《おも》います。でも僕《ぼく》は、できないことを**「どうやったらできるようになるか」**を考《かんが》えて練習《れんしゅう》することが楽《たの》しかったし、できるようになったら、もっと楽《たの》しくなれました。楽《たの》しかったから続《つづ》けてこられたので、みんなもまずは楽《たの》しくやってもらえればと思《おも》います。

日本を代表《だいひょう》する
天才《てんさい》ドリブラー
宇佐美貴史《うさみたかし》
(ガンバ大阪《おおさか》/FW《フォワード》)

パート

2

ドリブル編《へん》

ボールを自由自在《じゆうじざい》に運《はこ》ぼう！

パート2のポイント

ボールを前後左右《ぜんごさゆう》に運《はこ》ぶためには、足のいろいろな部分《ぶぶん》を使うことが大切になる。ゴールに近づいたり、ボールを保持《ほじ》（キープ）したりしながら、フェイントで1対《たい》1の勝負《しょうぶ》もしかけていこう！

チーム練《れん》習《しゅう》後《ご》
フム…
なるほど大《おお》きな問題《もんだい》か…
もちろんそれはオレも気《き》づいてはいるがな…
えっホント!? なになに教《おし》えてくれよっ!!
ズガーン
いや教《おし》えない
しまったこの人《ひと》はこういう人《ひと》だった……!

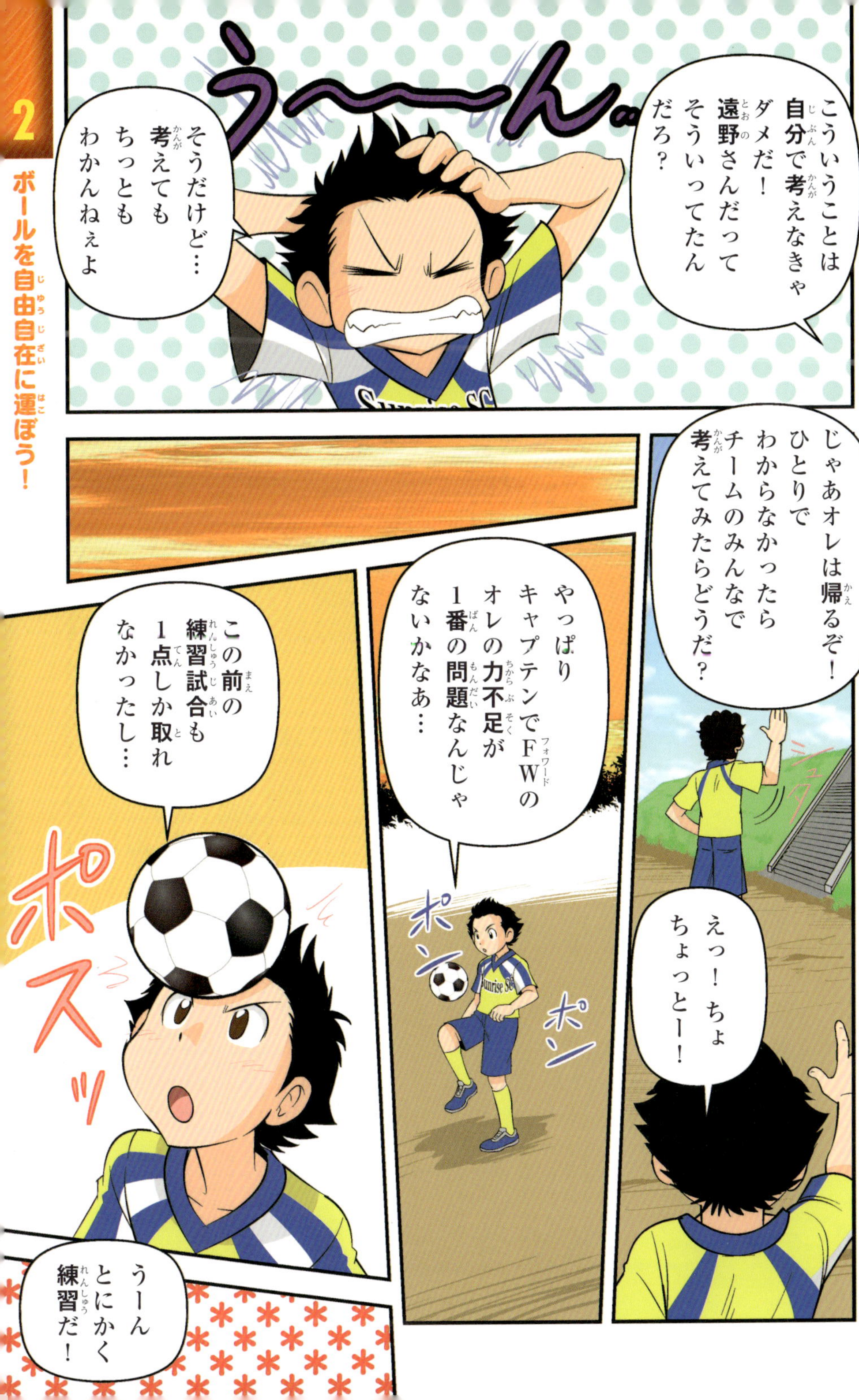
こういうことは
自分《じぶん》で考《かんが》えなきゃ
ダメだ！
遠野《とおの》さんだって
そういってたん
だろ？
う〜〜ん..
そうだけど…
考《かんが》えても
ちっとも
わかんねぇよ
じゃあオレは帰《かえ》るぞ！
ひとりで
わからなかったら
チームのみんなで
考《かんが》えてみたらどうだ？
シュタ
えっ！ちょ
ちょっとー！
やっぱり
キャプテンでFW《フォワード》の
オレの力不足《ちからぶそく》が
1番《ばん》の問題《もんだい》なんじゃ
ないかなあ…
ポン
ポン
この前《まえ》の
練習試合《れんしゅうじあい》も
1点《てん》しか取《と》れ
なかったし…
ポスッ
うーん
とにかく
練習《れんしゅう》だ！

スキルアップ！ クライフターンのやり方《かた》

▶▶66ページへ

長石《ながいし》勇太《ゆうた》
サンライズSC《エスシー》
左《ひだり》サイドバック
ボン
ボン
……
チュン
チュン
グラウンドですね！ありがとうございます！

颯《そう》ちゃん…♥
南青空公園
タタタ
ボンッ!
ポーン

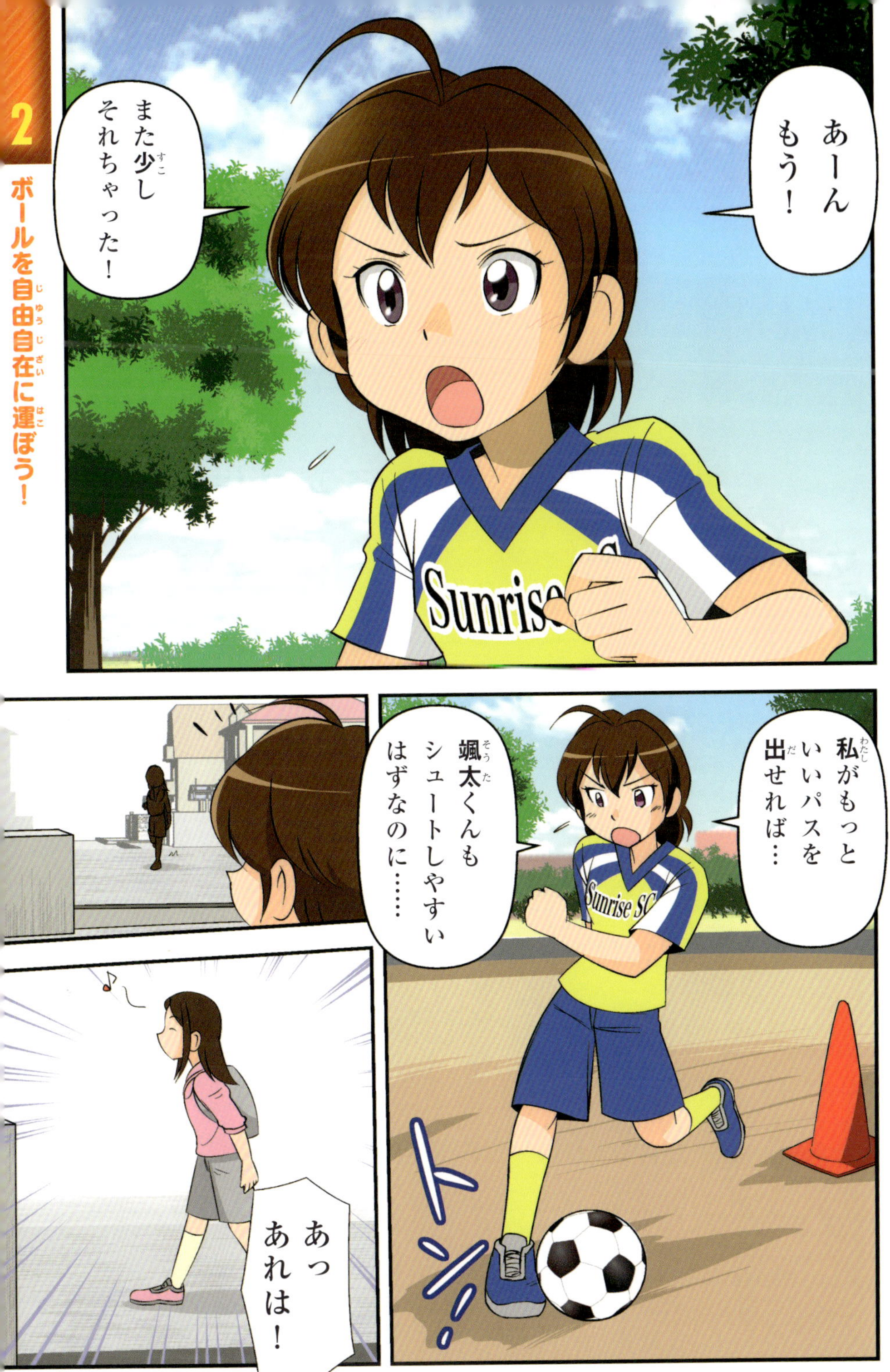
あーん もう！
また少《すこ》し それちゃった！
私《わたし》がもっと いいパスを 出《だ》せれば…
颯《そう》太《た》くんも シュートしやすい はずなのに……
トン
あっ あれは！

Sunrise SC
ザッ
…!
あら 渚《なぎさ》ちゃん？
美空《みそら》さん…どこに行《い》くんですか？
え？ ああ 颯《そう》ちゃんが向《む》こうのグラウンドで練習《れんしゅう》してるっていうから…
練習《れんしゅう》試合《じあい》のときは話《はな》せなかったし
久《ひさ》しぶりにいっしょにいたい…じゃなくて練習《れんしゅう》したいって思《おも》って……えへっ♥
デヘヘ

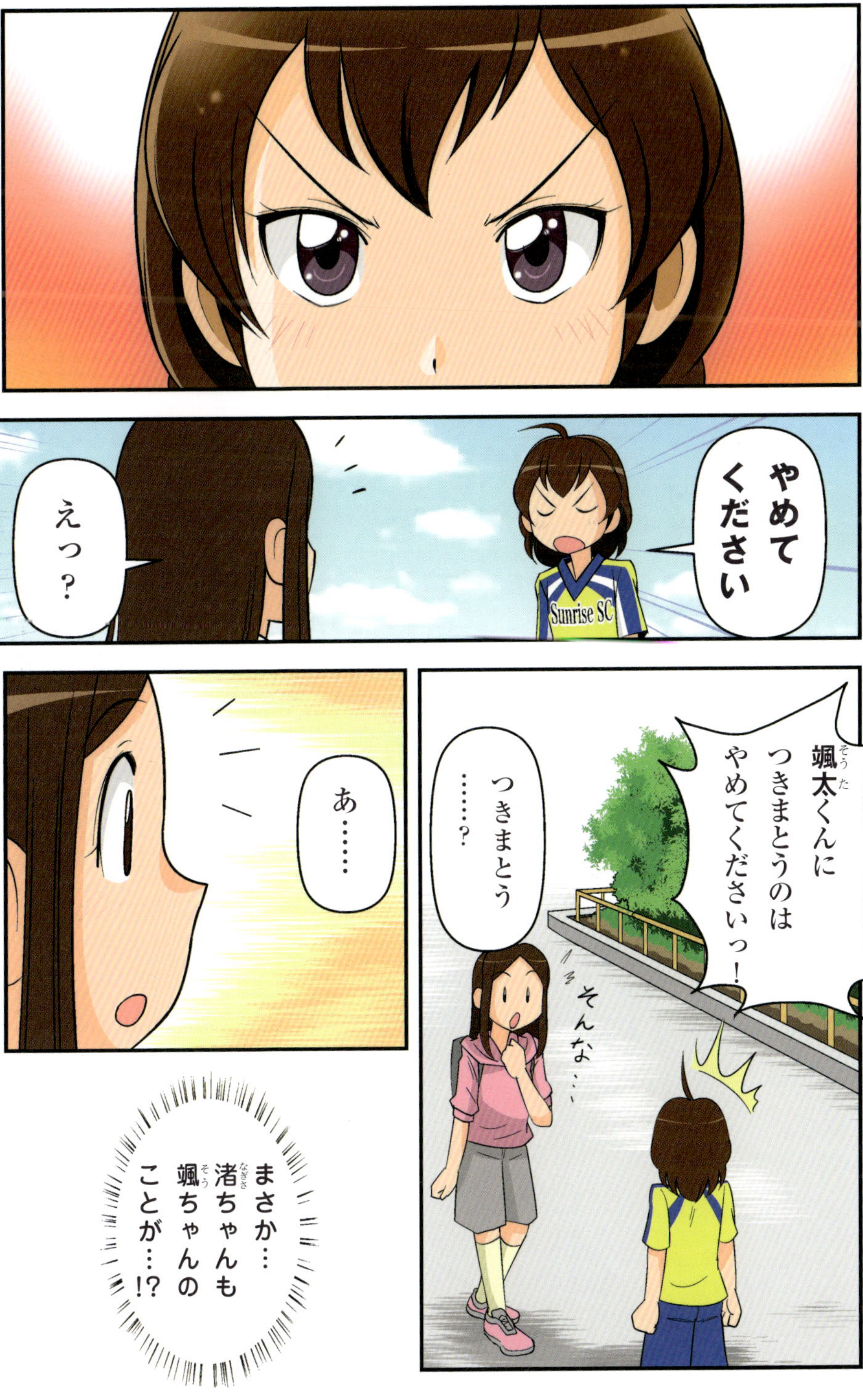
やめてください
えっ？
颯太《そうた》くんにつきまとうのはやめてくださいっ！
つきまとう……？
そんな…
あ……
まさか…渚《なぎさ》ちゃんも颯《そう》ちゃんのことが…!?

美空《みそら》さんはもう別《べつ》のチームなんだから…
颯太《そうた》くんのそばに来《こ》ないでくださいっ！
スタスタ
渚《なぎさ》ちゃん……
ま…負《ま》けないんだから……
グ…
ポンポン

颯《そう》ちゃん!
おう 美空《みそら》!
あいかわらず練習熱心《れんしゅうねっしん》ね!
平常心《へいじょうしん》平常心《へいじょうしん》…
Sunrise SC
ポン
へへ まあな
美空《みそら》…お前《まえ》ブルーペガサスに行《い》ってからまたうまくなったな!
完全《かんぜん》にチームをコントロールしてたじゃん!
Sunrise SC
えっ そうかなー
エヘ♡

颯《そう》ちゃんこそ すごいボレーシュート 決《き》めてたじゃない! どんどん成長《せいちょう》してるね!
フ〜〜〜…
…それが そうでもないん だよな……
えっ?
颯《そう》ちゃん ちょっと 元気《げんき》ないみたい
ねっ 颯《そう》ちゃん 勝負《しょうぶ》しよ!
え? なんだよ いきなり
いいから いいから! いくよ!
シュ

よし！いっちょやるか！
ダン
バッ
クルッ
えっ！ルーレット！

スキルアップ！ ルーレットのコツ

▶▶62ページへ

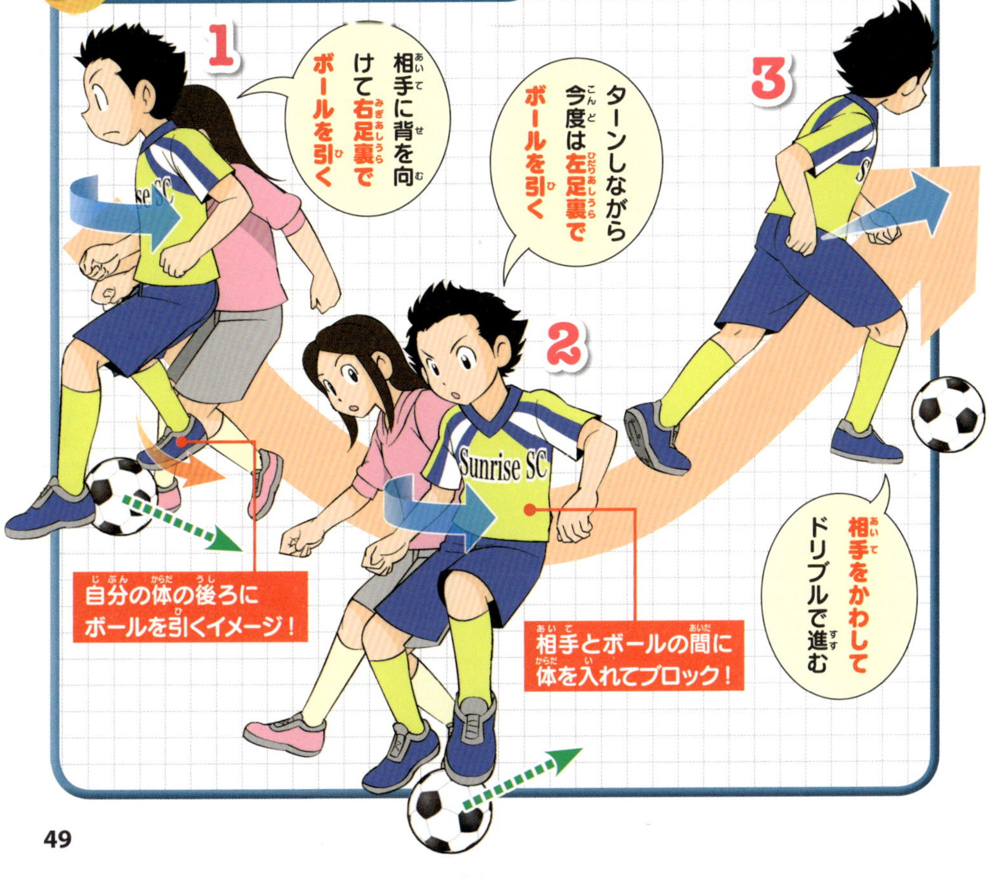
1
相手《あいて》に背《せ》を向《む》けて右足裏《みぎあしうら》でボールを引《ひ》く
自分《じぶん》の体《からだ》の後《うし》ろにボールを引《ひ》くイメージ！
2
ターンしながら今度《こんど》は左足裏《ひだりあしうら》でボールを引《ひ》く
相手《あいて》とボールの間《あいだ》に体《からだ》を入《い》れてブロック！
3
相手《あいて》をかわしてドリブルで進《すす》む

ダ
ダダダ
1対《たい》1だと何倍《なんばい》もうまくなってる！

くううう――!
ブル
ブル
やっぱり颯《そう》ちゃんってかっこいいい!
おっしゃーー!
この勢《いきお》いで東光大《とうこうだい》カップ優勝《ゆうしょう》するぞーーっ!!
そういえばグループステージの第一試合《だいいちしあい》でうちと対戦《たいせん》することになったね!
そうなの?
えつつ

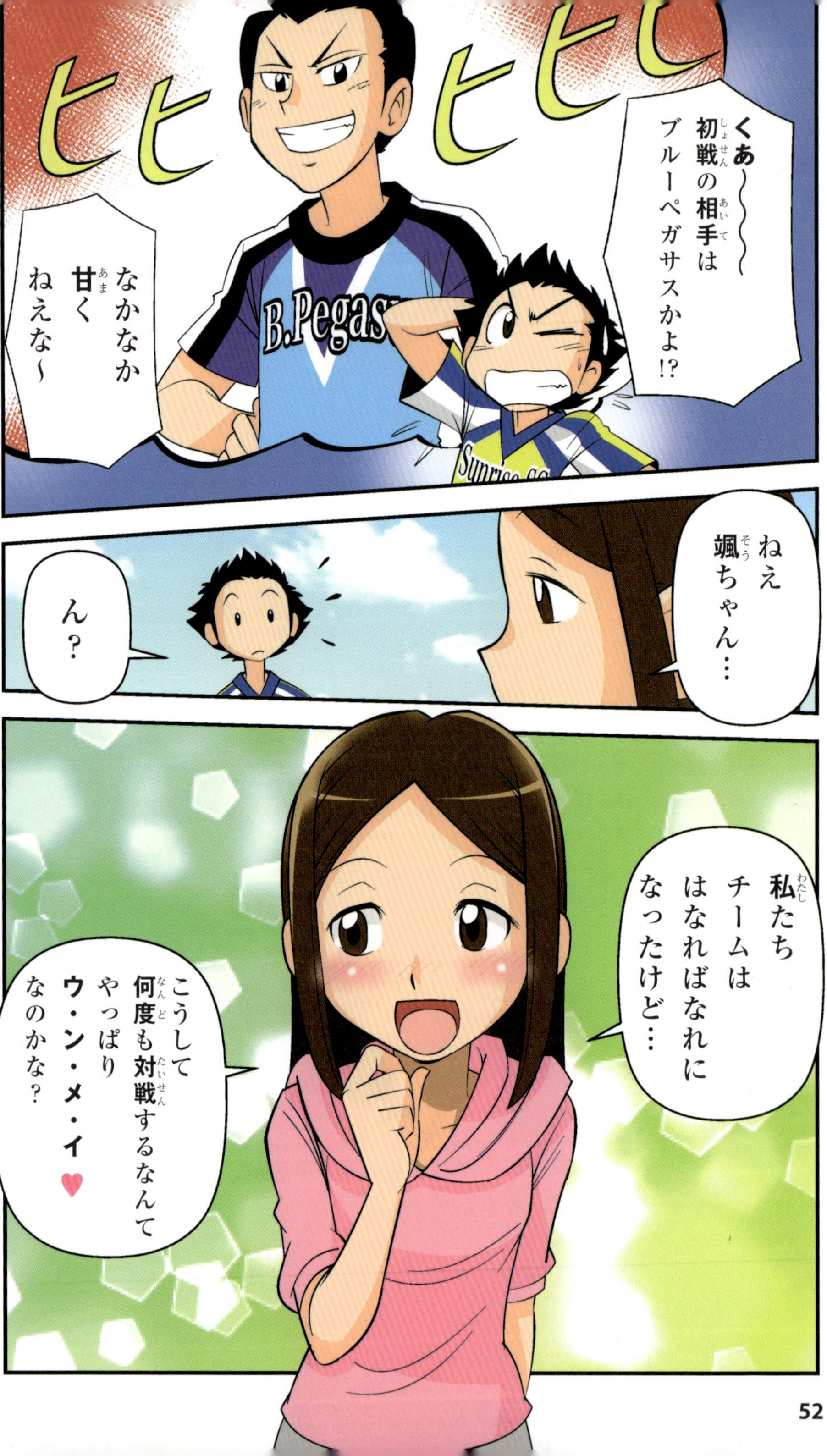
ヒヒヒヒヒ
くあ〜〜〜〜 初戦《しょせん》の相手《あいて》は ブルーペガサスかよ!?
なかなか 甘《あま》く ねえな〜
ねえ 颯《そう》ちゃん…
ん?
私《わたし》たち チームは はなればなれに なったけど…
こうして 何度《なんど》も対戦《たいせん》するなんて やっぱり ウ・ン・メ・イ♥ なのかな?

あんなこと
こんなこと
いろいろあって♡
そもそも颯《そう》ちゃんと私《わたし》ってさあ…♥
ね!? 颯《そう》ちゃんもそう思《おも》うで……
ズシャー
っていなーーい!
第《だい》1試合《しあい》はブルーペガサス!
そうと決《き》まったらますますじっとしてられないぜ!
Sunrise SC
待《ま》ってよ颯《そう》ちゃーん!
ホントサッカーバカなんだから…

インステップでドリブル!

真《ま》っすぐにドリブルしたいときは、インステップでのタッチが最《もっと》もスピードが出る。バランスをたもってリズムよくボールを運《はこ》ぼう!

3

ボールからはなれないように、トップスピードをキープする。

4

再《ふたた》び足の甲《こう》でボールをタッチして、前に進《すす》む。

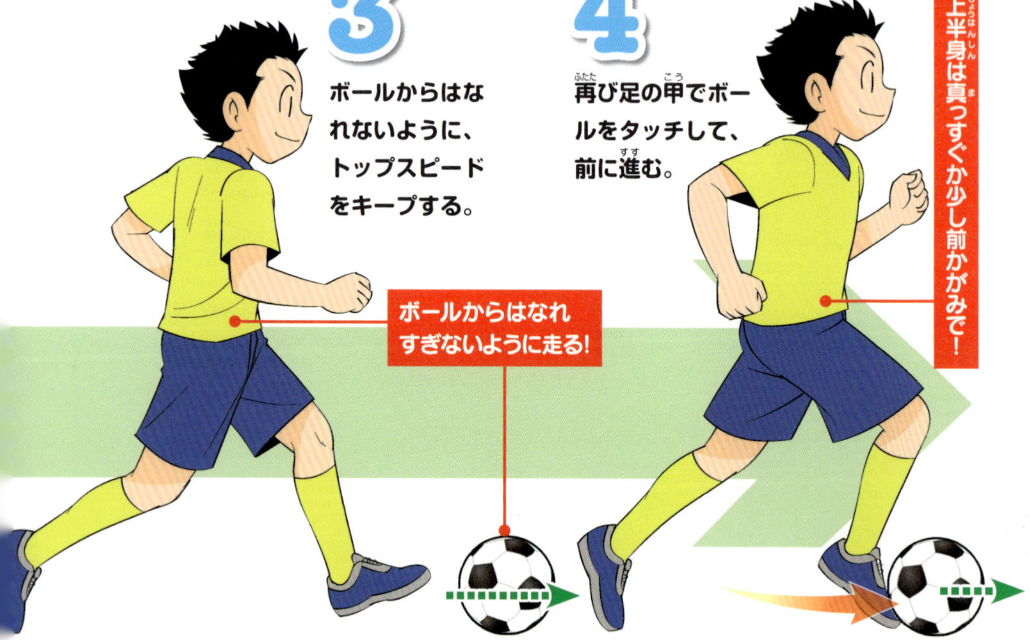
ボールからはなれすぎないように走る!
上半身《じょうはんしん》は真《ま》っすぐか少し前かがみで!

うまくなるコツ

上から下にタッチするイメージ

ボールをタッチするとき、上から下に向《む》かってボールをさわるイメージを持《も》つと、ボールに逆回転《ぎゃくかいてん》がかかり、スピードに乗《の》ったドリブルでも自分からボールがはなれなくなるぞ。

1
2
3

ボールの上から下になぞるようにタッチして、ボールに逆回転《ぎゃくかいてん》をかける。

◆足の甲《こう》に当てて真《ま》っすぐにドリブルする

1 顔《かお》を上げてトップスピードで走る。

2 ボールを足の甲《こう》でタッチして、真《ま》っすぐ前に押《お》し出す。

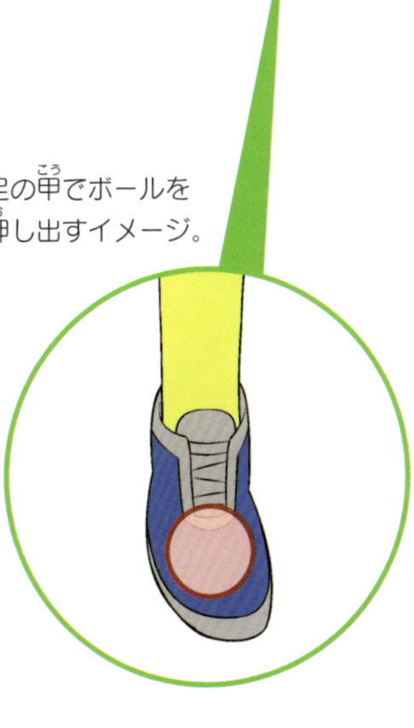
足の甲《こう》でボールを押《お》し出すイメージ。

●間《あいだ》に3歩《ほ》入れてもOK!

ドリブルでのボールタッチは、軸足《じくあし》を置《お》いてタッチしてまた軸足《じくあし》を置《お》く「軸足《じくあし》→タッチ→軸足《じくあし》→タッチ」の動《うご》きが基本《きほん》だ。しかし自分の前にスペースがあって、相手《あいて》に取《と》られる心配《しんぱい》がなければ、少し長めに出して走ってもOKだ。タッチからタッチまで3歩《ほ》くらいを目安《めやす》にしよう。

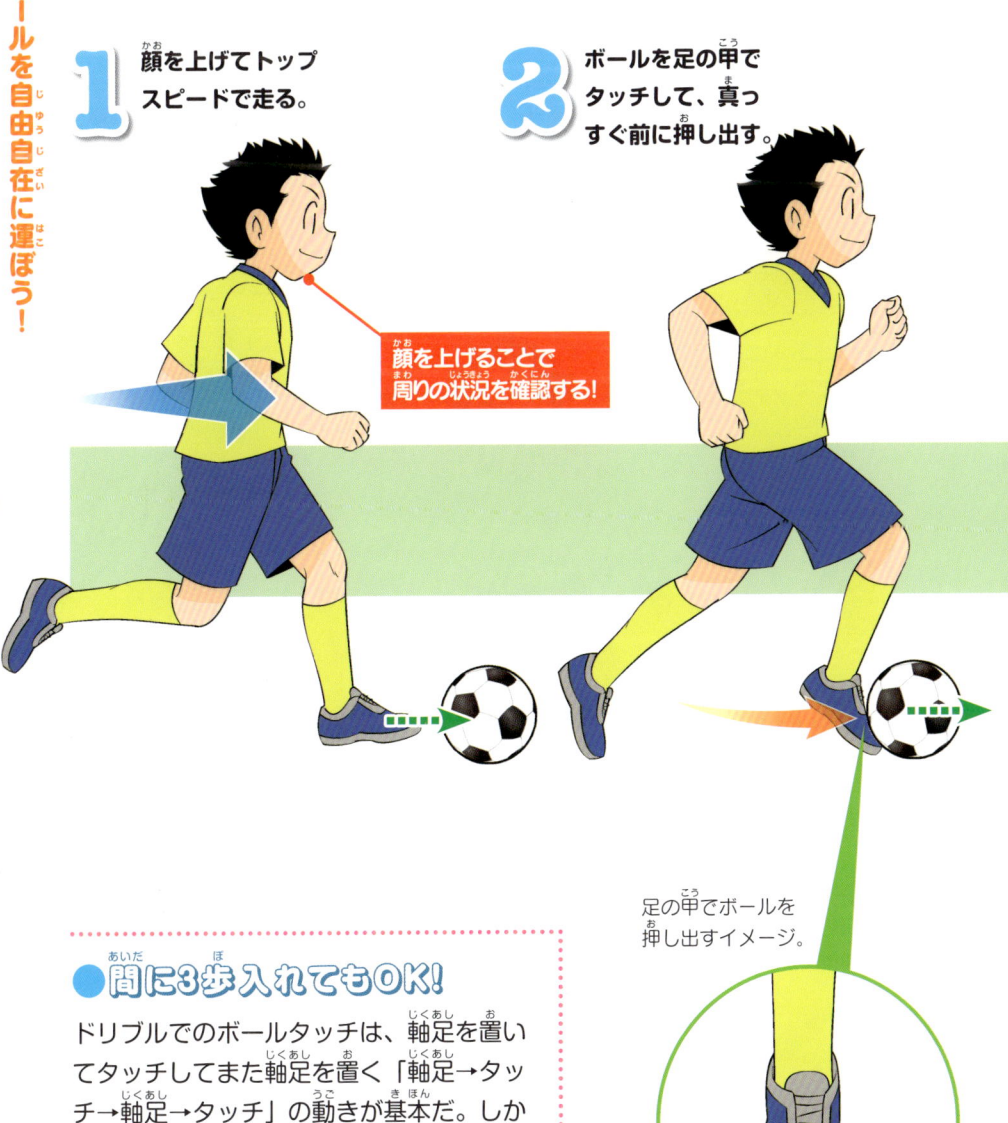

アウトサイドでドリブル！

ドリブルの方向《ほうこう》を変《か》えたいときは、アウトサイドでのタッチが有《ゆう》効《こう》だ。右や左に方向《ほうこう》を変《か》えたり、連続《れんぞく》タッチで逆《ぎゃく》の方向《ほうこう》へ進《すす》もう！

◆足の外側《そとがわ》でタッチして進《すす》む方向《ほうこう》を変《か》える

1 真《ま》っすぐにドリブルで進《すす》む。
2 ボールの左側《ひだりがわ》に体を移動《いどう》させる。
体の重心《じゅうしん》を低《ひく》くする
左へステップ
3 右足アウトサイドでタッチして横《よこ》にボールを運《はこ》ぶ。
ボールといっしょに体も移動《いどう》する！

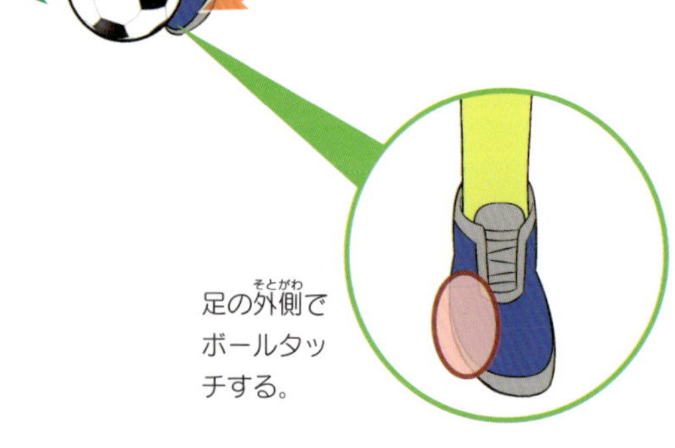
足の外側《そとがわ》でボールタッチする。

●逆《ぎゃく》へステップする

右横《みぎよこ》に方向《ほうこう》を変《か》えたいときは、左足で左側《ひだりがわ》に一度《いちど》踏《ふ》みこんでから右足でタッチすると、スムーズに方《ほう》向転換《こうてんかん》できる。さらにこの逆《ぎゃく》への体重《たいじゅう》移動《いどう》は、相手《あいて》をだますフェイントにもなる。

◆連続《れんぞく》でタッチして逆方向《ぎゃくほうこう》にターンする

1 真《ま》っすぐのドリブルから右足の外側《そとがわ》で右方向《みぎほうこう》へボールタッチ。

2 すばやくターンし、さらに右足の外側《そとがわ》でボールタッチ。

3 180度《ど》進行《しんこう》方向《ほうこう》が変《か》わったところでドリブル開始《かいし》。

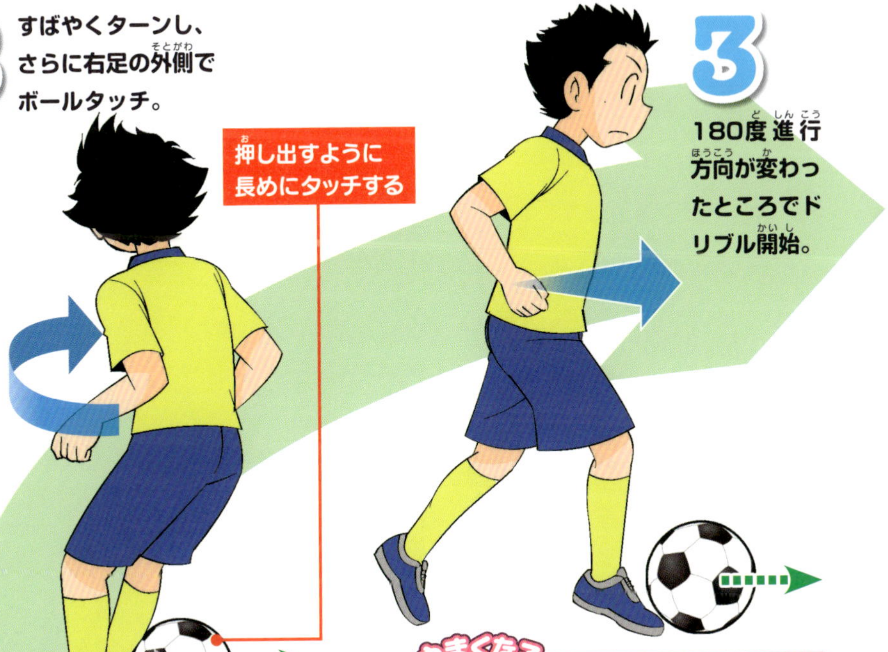
押《お》し出すように
長めにタッチする
体をひねるように
ターンする！

うまくなるコツ　つねに足もとでボールタッチ

ターンで大切《たいせつ》なことは小回《こまわ》りをすること。軸足《じくあし》をしっかりとボールの近くに踏《ふ》みこみ、つねに足もとにボールが置《お》いてある状態《じょうたい》でタッチしよう。

1
2

ボールの近くに左足を踏《ふ》みこんでから右足でタッチする。

3 インサイドと足裏《あしうら》でドリブル！

足の内側《うちがわ》や足裏《あしうら》のドリブルは、足もとでタッチしながら横《よこ》に進《すす》めるドリブルだ。顔《かお》を上げて周《まわ》りを確認《かくにん》しやすいのでマスターしよう！

◆足の内側《うちがわ》を使って進《すす》む方向《ほうこう》を変《か》える

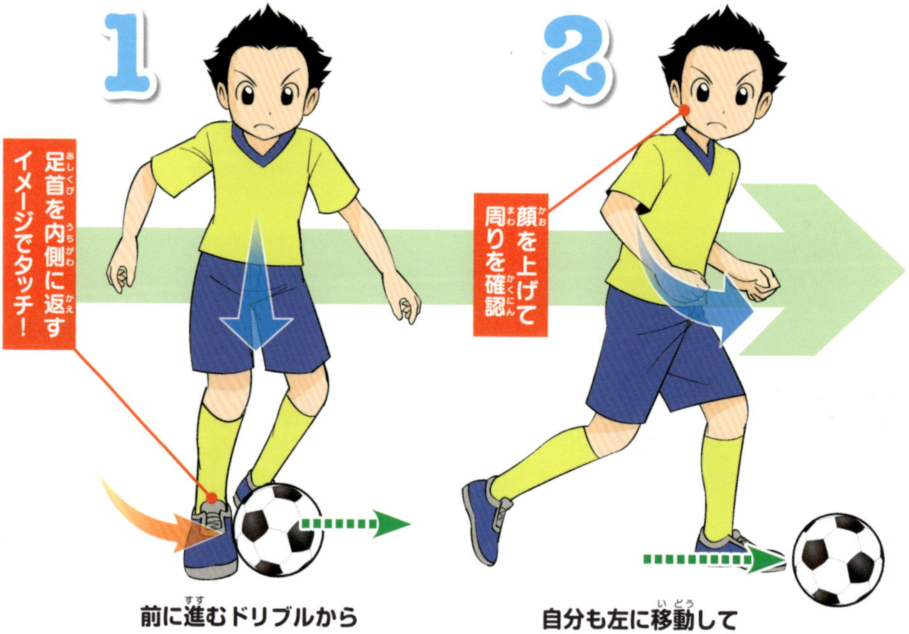
1
足首《あしくび》を内側《うちがわ》に返《かえ》す
イメージでタッチ！
2
顔《かお》を上げて
周《まわ》りを確認《かくにん》

1 前に進《すす》むドリブルから
右足でボールタッチ。

2 自分も左に移動《いどう》して
ドリブルで進《すす》む。

●体を倒《たお》してから進《すす》む

右足の内側《うちがわ》でボールを運《はこ》ぶときは、まず左足をボールの横《よこ》に踏《ふ》みこみ、体を進《すす》む方向《ほうこう》に倒《たお》す。そこから右足でタッチすると、スムーズに移動《いどう》することができるはずだ。

1
ボール横《よこ》に左
足を踏《ふ》みこん
で体をかたむ
ける。
2
左足を軸足《じくあし》にし
て右足でボール
タッチ。

◆足の裏《うら》を使ってボールを運《はこ》ぶ

1 右足の裏《うら》をボールに乗《の》せる。

2 右足を左側《ひだりがわ》に移《い》動《どう》させてボールを転《ころ》がす。

足をクロスするイメージ

3 ボールといっしょに横《よこ》に移動《いどう》する。

4 再《ふたた》び右足の裏《うら》をボールに乗《の》せて転《ころ》がす。

うまくなるコツ

足の裏《うら》の前のほうでボールタッチ

足の裏《うら》の中心《ちゅうしん》でボールタッチすると、転《ころ》がしにくかったり、方向《ほうこう》を変《か》えにくくなる。足の前のほうでさわることで、横《よこ》に移動《いどう》させたり、後《うし》ろに引いたりする動《うご》きがやりやすくなる。

○ 足裏《あしうら》の前でタッチすると横《よこ》や後《うし》ろへ動《うご》かしやすい。

× 足裏《あしうら》の中心《ちゅうしん》で踏《ふ》むとボールを転《ころ》がしにくくなる。

パート2
ドリブル編

4 インサイドターンに挑戦《ちょうせん》！

足の内側《うちがわ》のインサイドを使って連続《れんぞく》でボールタッチするインサイドターン。クルリと回《まわ》って相手《あいて》を振《ふ》り切る便利《べんり》なフェイントだ。

◆相手《あいて》からボールを隠《かく》すように運《はこ》ぶ

1
相手《あいて》の左側《ひだりがわ》に向《む》かってドリブル。
相手《あいて》との距離《きょり》をつめる
相手《あいて》を横切《よこぎ》るイメージで突破《とっぱ》！
6
縦《たて》にボールを運《はこ》び、スピードを上げて相《あい》手《て》を振《ふ》り切る。
5
横《よこ》に出したボールをキープする。

こんなときに使う！

中盤《ちゅうばん》などでボールを受《う》け、少し時間《じかん》をかせぎたいときや、パスの出し先《さき》を探《さが》すとき。

相手《あいて》から
遠《とお》くへ運《はこ》ぶ

2 右足インサイドでボールを切り返《かえ》す。

3 相手《あいて》からボールをブロックする。

うまくなるコツ　相手《あいて》をさそい出してからしかける

インサイドターンは相手《あいて》の目の前でしかけるのではなく、一《いち》度《ど》、角度《かくど》をつけて横《よこ》にさそい出してからターンしよう。また、最初《さいしょ》のタッチで切り返《かえ》してから小さく回《まわ》るように心《こころ》がけよう。

ボールといっしょに
体も移動《いどう》する！

4 右足インサイドで横《よこ》にボールを運《はこ》ぶ。

5 ルーレットに挑戦《ちょうせん》!

ルーレットは、相手《あいて》に背中《せなか》を向《む》けた状態《じょうたい》で回転《かいてん》し、抜《ぬ》き去《さ》るフェイント。体の回転中《かいてんちゅう》、バランスをくずさないように注意《ちゅうい》しよう。

こんなときに使う!

相手《あいて》1人を抜《ぬ》いたら大きなスペースに進《すす》めるときで、とくに相手《あいて》が自分の横《よこ》から近づいてきたとき。

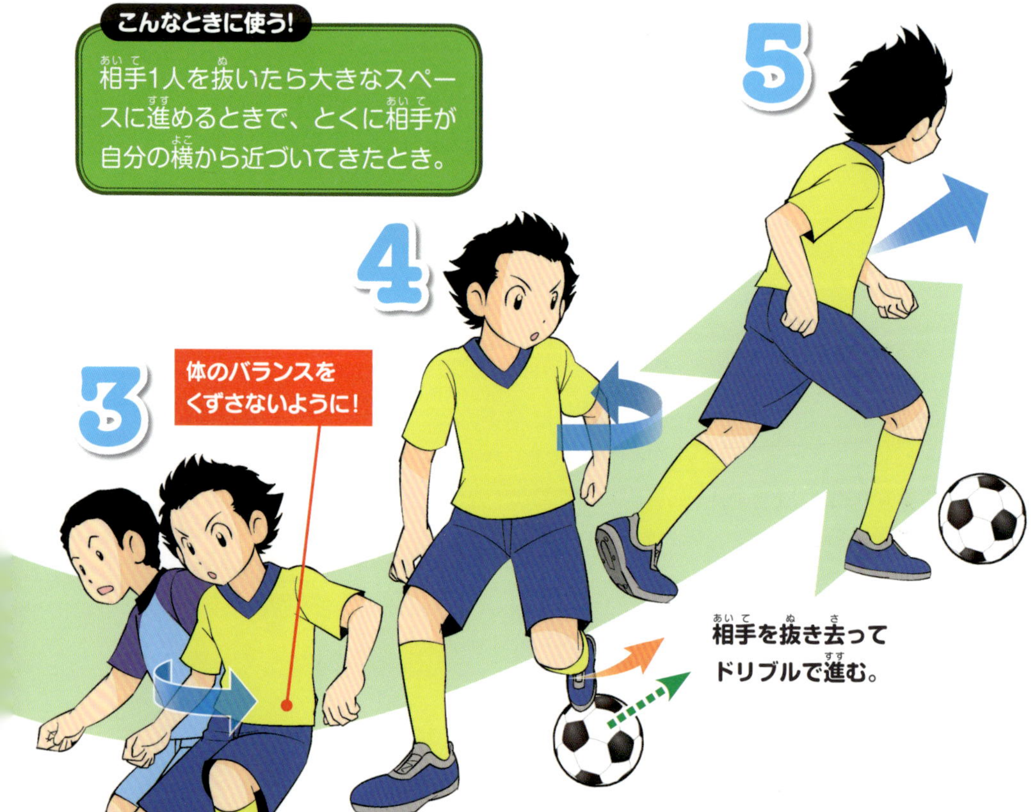
3
体のバランスをくずさないように!
4
5

今度《こんど》は左足裏《あしうら》でボールを止める。

左足でボールを引いて前を向《む》く。

相手《あいて》を抜《ぬ》き去《さ》ってドリブルで進《すす》む。

●角度《かくど》をつけてからしかける

ルーレットは真《ま》っすぐに相手《あいて》に向《む》かっている状況《じょうきょう》でやっても成功《せいこう》しにくい。できれば相手《あいて》が横《よこ》から近づいてきたときや、自分の横《よこ》に並《なら》んだような状況《じょうきょう》でしかけるようにしよう。

◆相手《あいて》を背中《せなか》でブロックしながらかわす

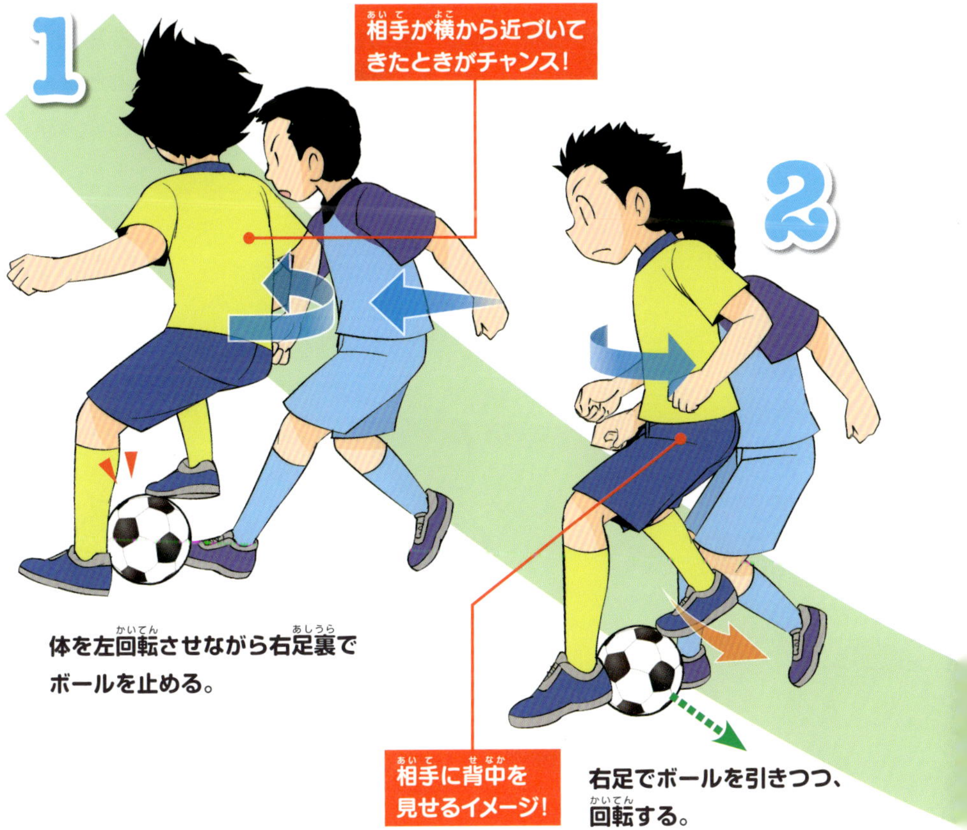

体を左回転《かいてん》させながら右足裏《あしうら》でボールを止める。

右足でボールを引きつつ、回転《かいてん》する。

右足裏《あしうら》でタッチ。

しっかりボールを引く。

左足裏《あしうら》でタッチして引く。

うまくなるコツ

足裏《あしうら》の2タッチで回転《かいてん》する

ルーレットで使うのは左右《さゆう》の足《あし》裏《うら》。右足裏《あしうら》でボールを引いたら、回転《かいてん》しながらすぐに足を入れ替《か》えて左足裏《あしうら》でボールを引く。相《あい》手《て》に取《と》られないように、最初《さいしょ》のタッチでしっかりとボールを引こう。

パート2
ドリブル編
6

裏通《うらどお》りフェイントに挑戦《ちょうせん》！

ボールを相手《あいて》の右側《みぎがわ》へ出し、自分は左側《ひだりがわ》を走って抜《ぬ》くのが裏通《うらどお》りフェイントだ。スピードのある選手《せんしゅ》はぜひマスターしよう！

◆相手《あいて》を追《お》い越《こ》してボールを受《う》ける

こんなときに使う!

自分のスピードに自信《じしん》があり、相手《あいて》の後《うし》ろに大きなスペースがあるとき。

1 相手《あいて》がうばいにきた瞬間《しゅんかん》、右足アウトサイドで蹴《け》り出す。

2 蹴《け》ったボールの逆側《ぎゃくがわ》（相手《あいて》の背中側《せなかがわ》）に向《む》けてダッシュ。

●相手《あいて》がうばいにきたときがチャンス

裏通《うらどお》りフェイントを成功《せいこう》させるためには、周《まわ》りの状況《じょうきょう》やタイミングが重要《じゅうよう》だ。相手《あいて》の後《うし》ろにスペースがあり、さらに相手《あいて》がボールをうばいにきた瞬間《しゅんかん》にボールを出すと、相手《あいて》の動《うご》きが一度《いちど》止まり、かわしやすくなる。

うまくなるコツ

ボールを出す方向《ほうこう》を見ない

ボールを出すとき、蹴《け》る方向《ほうこう》を見たり体を向《む》けると相手《あいて》に読《よ》まれて取《と》られるので注意《ちゅうい》だ。インサイドで蹴《け》るときは体を開《ひら》きながら、アウトサイドなら体のななめ前にボールを出すイメージを持《も》とう。

●インサイド
●アウトサイド
どちらでも同じ方向《ほうこう》を見る！

4
相手《あいて》よりも先《さき》にボールにさわってドリブルする。
3
トップスピードで相手《あいて》を振《ふ》り切る。
空《あ》いたスペースにつき進《すす》む！

7

クライフターンに挑戦《ちょうせん》！

キックと見せかけ、軸足《じくあし》の後《うし》ろを通《とお》して相手《あいて》をかわすのがクライフターンだ。キックの動《うご》きを大きくして相手《あいて》の足をさそい出そう。

こんなときに使う!

シュートをけいかいした相手《あいて》が、一気《いっき》に近づいて足も出してきたとき。

5 すばやくターンして相手《あいて》を引きはなす。

4 右足の内側《うちがわ》でタッチして軸足《じくあし》の後《うし》ろを通《とお》す。

成功率《せいこうりつ》が高いフェイント

軸足《じくあし》の後《うし》ろにボールを通《とお》すので、相手《あいて》の足が届《とど》きにくくなる。またキックフォームを入れると、相《あい》手《て》の足や体を逆側《ぎゃくがわ》にさそい出せるので、より成功《せいこう》率《りつ》が上がる。

◆軸足《じくあし》の後《うし》ろを通《とお》して相手《あいて》をかわす

大きなキックフォームをつくる！

1 ドリブルしながらだましたい方向《ほうこう》を１度《ど》見る。

2 左腕《うで》を上げ、右足を振《ふ》り上げる。

3 右足を外側《そとがわ》から回《まわ》すように振《ふ》る。

うまくなるコツ ボールの前に踏《ふ》みこむ

軸足《じくあし》の後《うし》ろにボールを通《とお》すためには、その軸足《じくあし》を踏《ふ》みこむ位置《いち》を少しボールの前にするとスムーズにいく。

1

2

ボール１個分《こぶん》くらい前に踏《ふ》みこむと、軸《じく》足《あし》の裏《うら》にボールが通《とお》りやすくなる。

股《また》抜《ぬ》きフェイントに挑戦《ちょうせん》！

相手《あいて》の両足《りょうあし》の間《あいだ》にボールを通《とお》してかわすのが股抜《またぬ》きフェイントだ。どう動《うご》けば相手《あいて》の足が広《ひろ》がりやすいかを考《かんが》えてステップしよう！

◆相手《あいて》の股《また》を通《とお》して突破《とっぱ》する

こんなときに使う！

相手《あいて》と並《なら》ぶような状態《じょうたい》で、相手《あいて》の後《うし》ろにスペースがあるとき。

1 右足インサイドでボールを運《はこ》ぶ。

2 右足のアウトサイドでボールを前に出す。

横《よこ》へのステップで相手《あいて》をさそい出す
相手《あいて》の足もとを確認《かくにん》！

●サイドステップをねらう

股抜《またぬ》きは相手《あいて》がサイドステップしているときがねらい目だ。相手《あいて》と並《なら》んだ状態《じょうたい》か、一度《いちど》ボールを横《よこ》に振《ふ》って相手《あいて》を横《よこ》に動《うご》かしてからしかけよう。

今だ！

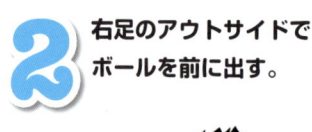

うまくなるコツ

ボールといっしょに横《よこ》に移動《いどう》する

股《また》を抜《ぬ》く前の動《うご》きはイン・アウトの連続《れんぞく》タッチとなる。ポイントは、右足インサイドでボールを運《はこ》びつつ軸足《じくあし》（左足）で横《よこ》にステップすること。この動《うご》きがあることで、相手《あいて》の股《また》を通《とお》しやすくなる。

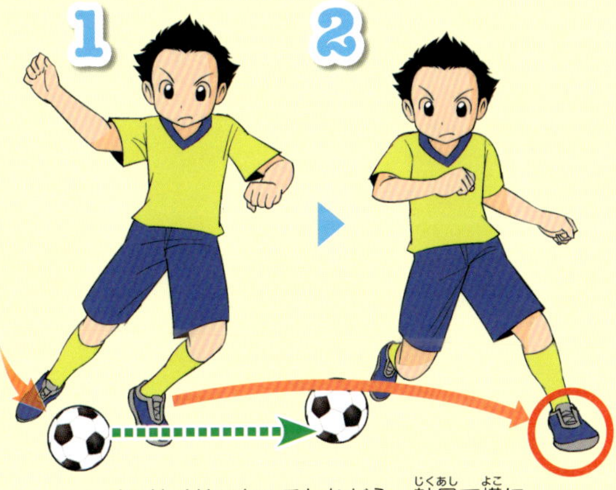

インサイドでタッチしながら、軸足《じくあし》で横《よこ》にしっかりステップする。

3 相手《あいて》の股《また》の下を通《とお》してダッシュする。

4 相手《あいて》の右側《みぎがわ》を通《とお》り、裏《うら》のスペースでボールを受《う》ける。

プロサッカー選手
“少年時代”の
練習法❷

ジグザグドリブルで足もとの技術《ぎじゅつ》アップ!

僕《ぼく》は7人兄弟《きょうだい》の3男《なん》で、兄《あに》2人がサッカーをやっていたので、小学校入学《しょうがっこうにゅうがく》と同時《どうじ》に地《じ》元《もと》のクラブチームに入りました。練習後《れんしゅうご》の家《いえ》でも、家《いえ》の庭《にわ》や近くの空《あ》き地《ち》で夜遅《よるおそ》くまでサッカーをして遊《あそ》んでいましたね。

僕《ぼく》たちが入っていたクラブチームは、**個人技《こじんぎ》を重視《じゅうし》するチーム**でした。ピンチのときに大きく前方《ぜんぽう》へ蹴《け》り出す「クリア」を禁止《きんし》していたので、自分たちのゴール前からでもパスをつないだり、ドリブルで突破《とっぱ》したりすることを目指《めざ》していました。

練習《れんしゅう》も個人技《こじんぎ》を意識《いしき》したものが多《おお》くて、特《とく》に**「ジグザグドリブルの練習《れんしゅう》」**をよくやっていました。マーカーを10個《こ》くらい並《なら》べてフェイントを使《つか》って往復《おうふく》したり、利《き》き足ではないほうの足を使《つか》って往復《おうふく》したりするんです。

当時《とうじ》は何《なに》も考《かんが》えずに練習《れんしゅう》していましたが、この練習《れんしゅう》をひたすらやったおかげで、足もとの技術《ぎじゅつ》がうまくなって、中《ちゅう》学《がく》、高校《こうこう》でもその技術《ぎじゅつ》を生《い》かすことができました。みんなも小学生時代《しょうがくせいじだい》は**特《とく》に足もとの技術《ぎじゅつ》の習得《しゅうとく》**にはげんでほしいなと思《おも》います。

センスあふれる
若《わか》きスピードスター
浅野拓磨《あさのたくま》
(サンフレッチェ広島《ひろしま》/MF《ミッドフィルダー》)

パート 3

コントロール編《へん》

次のプレーに つなげるトラップ!

パート3のポイント

トラップは、自分が「次のプレー」に入りやすい場《ば》所《しょ》にボールをコントロールする技術《ぎじゅつ》だ。ボールを確《かく》実《じつ》に止めれるようになったら、トラップと同時《どうじ》に相《あい》手《て》をかわすテクニックも身につけよう。

東光大《とうこうだい》カップ数日前《すうじつまえ》
みんな！いよいよ『東光大《とうこうだい》カップ』の日《ひ》が近《ちか》づいてきたぞ！
ルールはいつもどおりの8人制《にんせい》サッカーだ！

スキルアップ！ 8人制《にんせい》サッカーについて

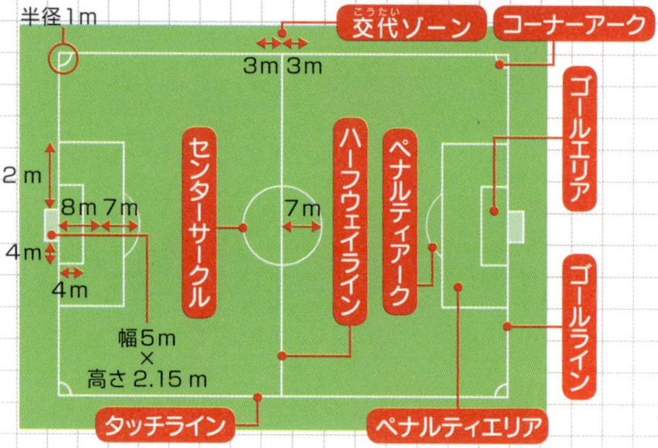
半径1m
交代《こうたい》ゾーン
コーナーアーク
3m 3m
ゴールエリア
12 m
8m 7m
7m
4m
4m
センターサークル
ハーフウェイライン
ペナルティアーク
幅5m
×
高さ2.15 m
ゴールライン
タッチライン
ペナルティエリア

8人制《にんせい》サッカーは、選手《せんしゅ》みんながボールにさわるチャンスが増《ふ》えるし1対《たい》1で戦《たたか》うことも多《おお》いから、試合《しあい》でたくさんのことが学《まな》べるんだ！

- 全日本少年《ぜんにほんしょうねん》サッカー大会《たいかい》では、11人制《にんせい》ではなく8人制《にんせい》サッカーが一般的《いっぱんてき》。
- ジュニア年代《ねんだい》（12歳以下《さいいか》）では、8人《にん》で試合《しあい》をすることが多《おお》い。
- 11人制《にんせい》サッカーのフィールドの半分《はんぶん》である縦《たて》68 m× 横《よこ》50 mのコートが推奨《すいしょう》されている。

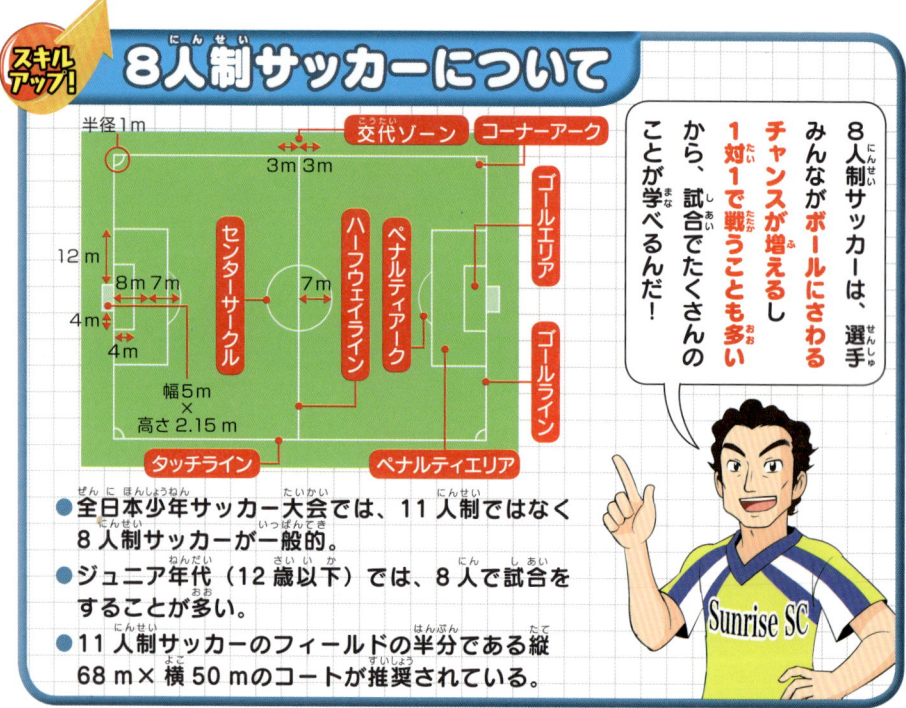

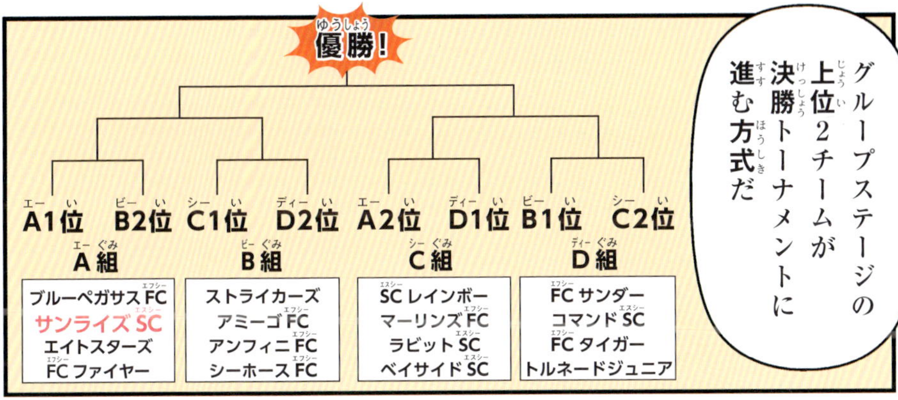
グループステージの上位《じょうい》2チームが決勝《けっしょう》トーナメントに進《すす》む方式《ほうしき》だ
優勝《ゆうしょう》！
A《エー》1位《い》
B《ビー》2位《い》
C《シー》1位《い》
D《ディー》2位《い》
A《エー》2位《い》
D《ディー》1位《い》
B《ビー》1位《い》
C《シー》2位《い》
A《エー》組《ぐみ》
ブルーペガサス FC《エフシー》
サンライズ SC《エスシー》
エイトスターズ
FC《エフシー》 ファイヤー
B《ビー》組《ぐみ》
ストライカーズ
アミーゴ FC《エフシー》
アンフィニ FC《エフシー》
シーホース FC《エフシー》
C《シー》組《ぐみ》
SC《エスシー》 レインボー
マーリンズ FC《エフシー》
ラビット SC《エスシー》
ベイサイド SC《エスシー》
D《ディー》組《ぐみ》
FC《エフシー》 サンダー
コマンド SC《エスシー》
FC《エフシー》 タイガー
トルネードジュニア

しっかし初戦《しょせん》からブルーペガサスかよ～
監督《かんとく》～もっと早《はや》めに教《おし》えてよ！
いやあ すまんあんまりプレッシャーをかけたくなくてな

みんな！試合《しあい》の前《まえ》から弱気《よわき》になるなんてオレたちらしくないぜ！
このあいだの試合《しあい》で負《ま》けたことのリベンジのチャンスじゃんか！
Sunrise SC

颯太《そうた》くんのいうとおりよ！
実力《じつりょく》では私《わたし》たちの方《ほう》が絶対《ぜったい》強《つよ》いわ！
そ　そうだよな！
今《いま》までだって強《つよ》いチームに勝《か》ってきたんだもんな……！
よしっ！ブルーペガサスに勝《か》つぞ――――！
おおっっっっ!!
キャプテンらしくなったな
颯太《そうた》…

こうして ついに 東光大《とうこうだい》カップが 開幕《かいまく》した
グループステージ 第《だい》1試合《しあい》 サンライズSC《エスシー》 対《たい》 ブルーペガサスFC《エフシー》
ザッ ザッ
なんだ ショボFW《フォワード》の 颯太《そうた》か！
いっとくが お前《まえ》には 絶対《ぜったい》に負《ま》けねえ からな！
走《かける》！
にゃ… にゃにおおおう!?
ふざけんな！ オレたちが 勝《か》つに 決《き》まってるだろ！

バチ
ぬ〜〜〜〜!!
試合《しあい》は序盤《じょばん》から
サンライズＳＣ《エスシー》が
ペースをつかんだ
颯太《そうた》くん!
ビシ
オーケー
渚《なぎさ》!
シュ
うまい!
リバーストラップ!
グッ
クル
ダッ

スキルアップ！ リバーストラップのやり方《かた》

94ページへ

スキルアップ！ オープントラップのコツ

96ページへ

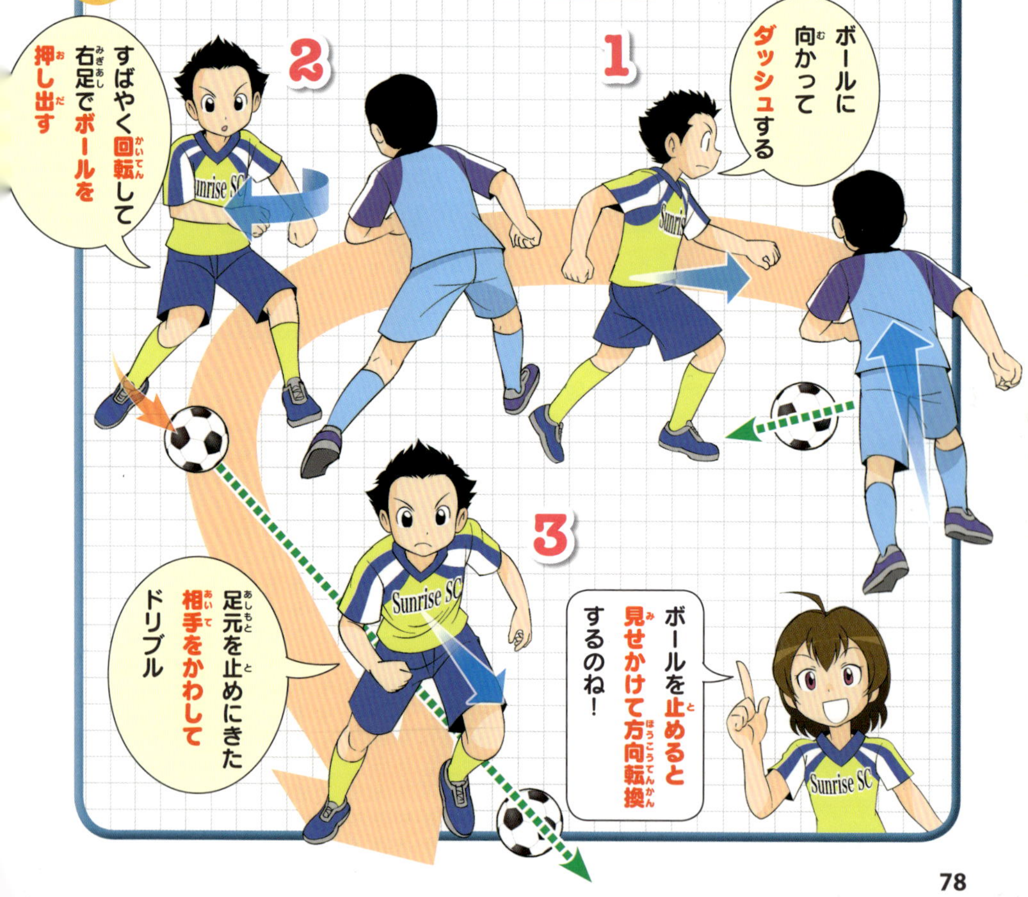

渚《なぎさ》のパス
すげぇいいところに
来《き》たぜ!
あとはオレが
決《き》めないと!
ドゴ
いけえええ!
Sunrise SC
B.Pegasus

ショートバウンド
ボールが地面《じめん》に弾《はず》んだ直後《ちょくご》のバウンド。

3
グイ
ボン
なにい！体《からだ》のひねりで方向《ほうこう》を変《か》えた…!?
ダッ

スキルアップ！ 方向《ほうこう》を変《か》える胸《むね》トラップのコツ

93ページへ

1
ショートバウンドのボールに対《たい》して胸《むね》でむかえる
2
トラップの瞬間《しゅんかん》に体《からだ》をひねって方向《ほうこう》をかえる
3
相手《あいて》の逆《ぎゃく》をついてドリブルで進《すす》む
行《い》きたい方向《ほうこう》に胸《むね》の面《めん》を向《む》けるイメージだ！

ドドドド
アイツ意外《いがい》にやるな！
颯太《そうた》くんシュート！
まかせろ！
ドッ！

ガン
ぐあ〜！ おしい ゴールポスト！
ふっ やっぱり まだまだだな！
サンライズSC《エスシー》は 最初《さいしょ》は颯太《そうた》と渚《なぎさ》の コンビを中心《ちゅうしん》に 攻《せ》めるが無得点《むとくてん》
次第《しだい》に ブルーペガサスFC《エフシー》に ペースをうばわれて いった

ダッ
走《かける》くん！
ナイス
スルーパス！
ビシ
よっしゃああ――！
ズザザ
ビシッ

ズバーン
やった!
先制点《せんせいてん》だぜ!
ワァ
ワァ
サンライズSC《エスシー》は練習試合《れんしゅうじあい》と同《おな》じく美空《みそら》と走《かける》の連携《れんけい》プレーに対応《たいおう》できず
チーム全体《ぜんたい》が完全《かんぜん》にくずされ失点《しってん》を重《かさ》ねた
結果《けっか》は0対《たい》3サンライズSC《エスシー》は1点《てん》もうばえず負《ま》けた
はあ〜〜

みんななに暗《くら》い顔《かお》してるんだよ！
大会《たいかい》はまだはじまったばかりだぜ！
大丈夫《だいじょうぶ》だって！次《つぎ》は絶対《ぜったい》に勝《か》てるから！
でもさ…
もし運《うん》よく決勝《けっしょう》トーナメントに進《すす》んだとしてもまたブルーペガサスにあたるんだぜ…
そしたら次《つぎ》はどうやって勝《か》つつもりだよ
えっえーっとそれは…
いま考《かんが》えて…

ズッ
颯太《そうた》ってさ…
いっつもひとりで決《き》めちまって…
そのくせたいして考《かんが》えてないんだよな！
おっおい…
ザッ ザッ
ちょちょっと待《ま》ってくれよ勇太《ゆうた》！
うーん……これはちょっとマズいかもしれんな……

パート3
コントロール編
1

インとアウトのトラップ！

トラップの基本《きほん》はインサイドとアウトサイドだ。次のプレーへスムーズに移《うつ》るためのコントロール技術《ぎじゅつ》をマスターしよう！

◆インサイドでトラップする

1 ボールに対《たい》して正面《しょうめん》に入る。

2 右足インサイドで軽《かる》く前に運《はこ》ぶ。

3 すばやくボールに体をよせる。

ボールといっしょに移動《いどう》するイメージ

●足を浮《う》かせてのトラップが基本《きほん》

トラップの基本《きほん》は、足を浮《う》かせてボールタッチすること。足を地面《じめん》につけてタッチすると、跳《は》ね上がったり、大きく前に転《ころ》がったりするので注意《ちゅうい》だ。

足を上げないとミスする。
あっ!

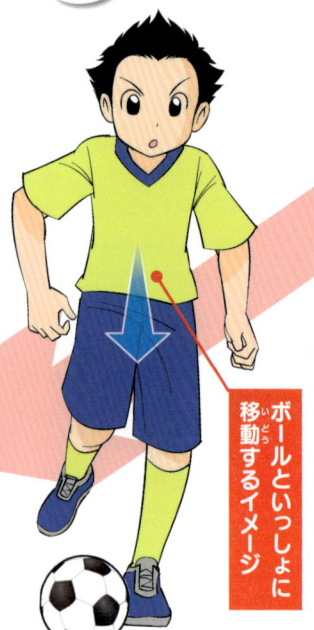

◆アウトサイドでトラップする

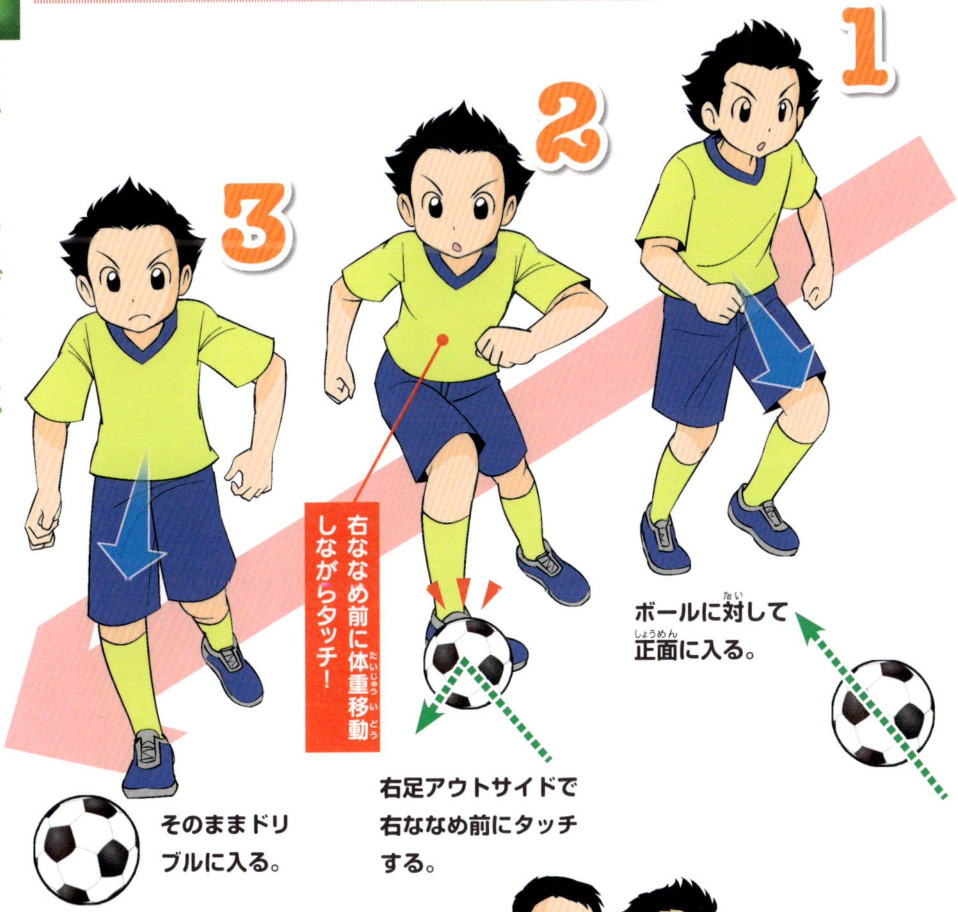

1 ボールに対《たい》して正面《しょうめん》に入る。

2 右足アウトサイドで右ななめ前にタッチする。

3 そのままドリブルに入る。

うまくなるコツ

相手《あいて》が後《うし》ろにいるとき

FW《フォワード》などの攻撃的《こうげきてき》な選手《せんしゅ》は、相《あい》手《て》にマークされた状態《じょうたい》でボールを受《う》けるシーンが多い。そんなときは相手《あいて》の足が届《とど》かない遠《とお》い位置《いち》で、アウトサイドを使ってコントロールしよう。

相手《あいて》をブロックして、ボールを遠《とお》いところにコントロール。

インステップと足裏《あしうら》のトラップ！

インステップと足裏《あしうら》のトラップは、どちらも足もとにピタリと止めることができる便利《べんり》なコントロール技術《ぎじゅつ》。状況《じょうきょう》に応《おう》じて使おう！

◆インステップで浮《う》き球《だま》をトラップ

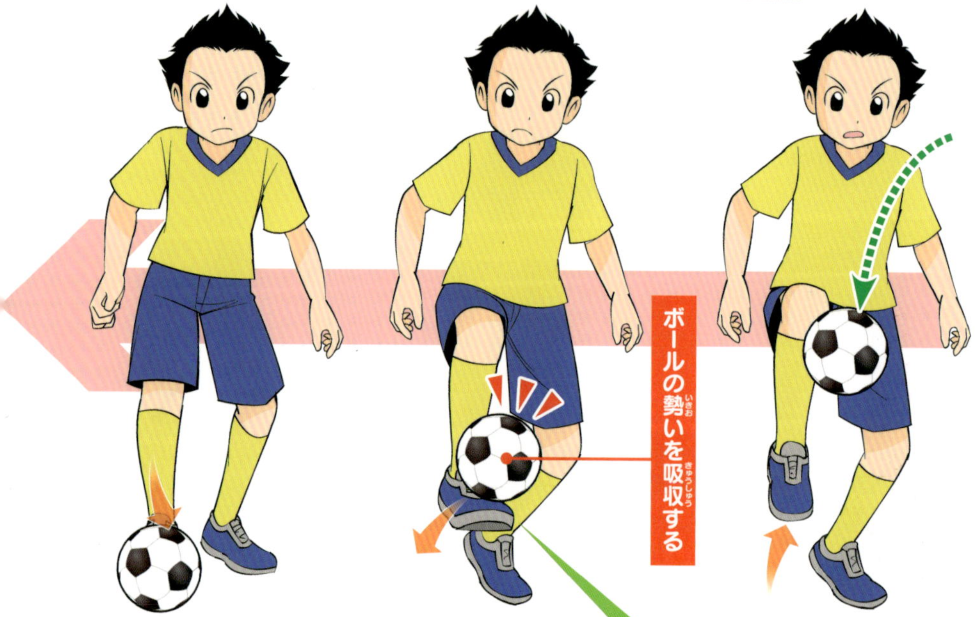

3 そのままやさしく右足を地《じ》面《めん》に下ろす。

2 軽《かる》く足を引きながらインステップでボールタッチ。

1 ボールの正面《しょうめん》で右足をボールに向《む》けて上げる。

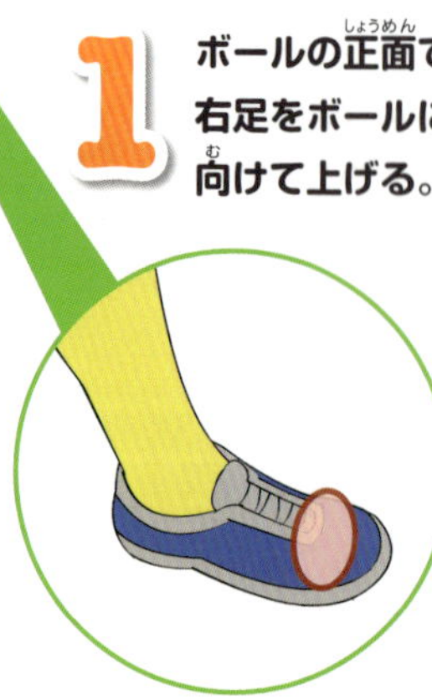

足の甲《こう》の前よりでやさしくタッチ。

●体全体《からだぜんたい》でボールを止める

タッチする足を引くと同時《どうじ》に軸足《じくあし》のヒザもいっしょに曲《ま》げ、体全体《からだぜんたい》を使うことで、より吸《す》いつくようなコントロールができる。

軸足《じくあし》のヒザを曲《ま》げてタッチ。

◆足裏《あしうら》で足もとに止める

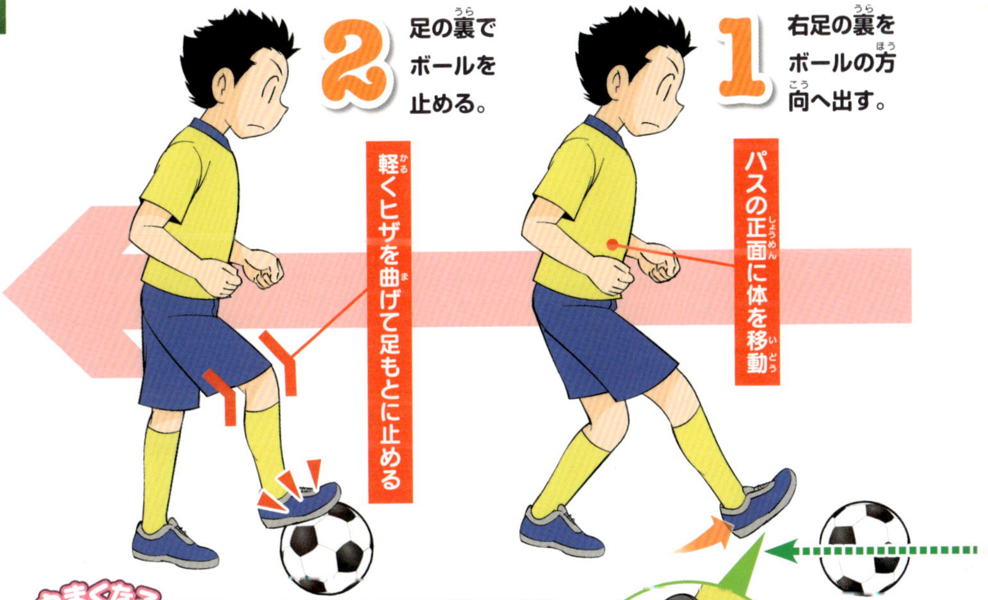
1
右足の裏《うら》をボールの方《ほう》向《こう》へ出す。
パスの正面《しょうめん》に体を移動《いどう》
2
足の裏《うら》でボールを止める。
軽《かる》くヒザを曲《ま》げて足もとに止める

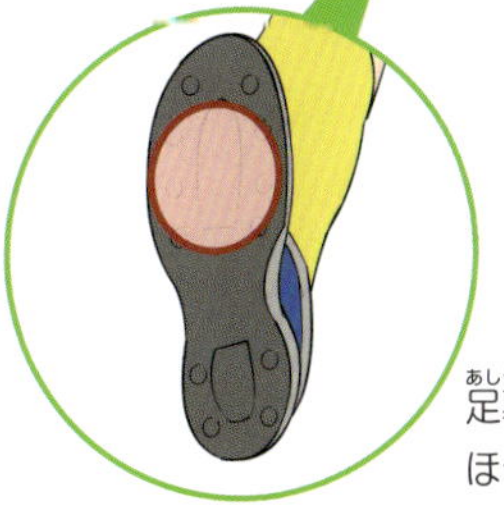
足裏《あしうら》の前のほうでタッチ。

うまくなるコツ　すばやく方向転換《ほうこうてんかん》

足裏《あしうら》でボールを止めればすぐに方向転換《ほうこうてんかん》ができる。体を倒《たお》してボールを横《よこ》になでるようにすれば横《よこ》へ、ボールを引きつつ回転《かいてん》すれば後《うし》ろへ進《すす》むことができるので挑戦《ちょうせん》してみよう。

後《うし》ろに方向転換《ほうこうてんかん》

足を引きながら後《うし》ろへ転《ころ》がす。

横《よこ》に方向転換《ほうこうてんかん》

体を倒《たお》しながら横《よこ》へ転《ころ》がす。

パート3
コントロール編
3

モモと胸《むね》のトラップ！

浮《う》き球《だま》のコントロールにはモモや胸《むね》のトラップを使うことが多い。高いボールは胸《むね》、低《ひく》めのボールはモモを使って、正確《せいかく》に止めよう。

◆モモで浮《う》き球《だま》をコントロール

ボールの正面《しょうめん》に入って待つ。

モモを軽《かる》く上げてタッチする。

ボールを軽《かる》く足もとに落《お》とす。

●モモをななめにして落《お》とす

自分に向《む》かってくる浮《う》き球《だま》に対《たい》して、モモを地面《じめん》と水《すい》平《へい》になるまで上げてしまうと、ボールが後《うし》ろに跳《は》ねてしまう。モモは角度《かくど》をつけてななめにし、やわらかくボールを下に落《お》とそう。

モモを高く上げると大きく跳《は》ねる。

◆胸《むね》で浮《う》き球《だま》をコントロール

1
2
3
両腕《りょううで》を広《ひろ》げ、両足《りょうあし》も開《ひら》く
体全体《からだぜんたい》をクッションにするイメージ

ボールの落下点《らっかてん》にすばやく入って待つ。

体を反《そ》らして胸《むね》にボールを当てる。

ボールをやさしく足もとに落《お》とす。

●胸《むね》でショートバウンドをコントロール

ショートバウンドの胸《むね》トラップでは、体を行きたい方向《ほうこう》にひねることで、角度《かくど》をつけたボールを落《お》とすことができる。

1
ボールをむかえ入れて胸《むね》を前に出す。
2
胸《むね》は少し前かがみに
体をひねってボールを横《よこ》に運《はこ》ぶ。

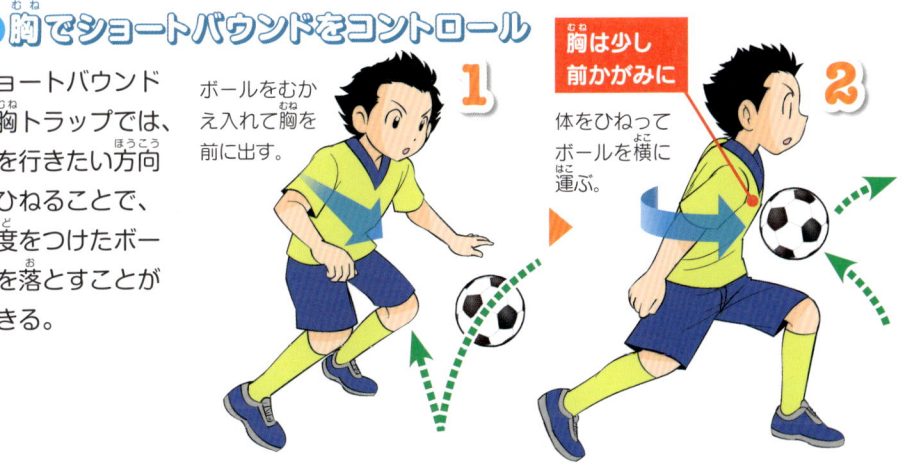

パート3
コントロール編
4

リバーストラップに挑戦《ちょうせん》!

リバーストラップは、ワンタッチで相手《あいて》をかわすフェイント。足もとに止めると見せ、ボールを逆《ぎゃく》に切り返《かえ》すことで相手《あいて》を抜《ぬ》こう!

◆ボールが来た方向《ほうこう》にもどして相手《あいて》をかわす

こんなときに使う!

ゴール前や中盤《ちゅうばん》などのエリアで、ワンタッチで相《あい》手《て》をかわして、スピードのある攻撃《こうげき》がしたいとき。

1
パスが来るほうにすばやく走る。
すばやいダッシュで相手《あいて》を引きつける
2
ボールが近づいてきたらストップする。
急《きゅう》ブレーキをかける
ピタッ
3
ボールといっしょに後《うし》ろにステップする。

4 右足を後《うし》ろに引いて体を回《かい》転《てん》させる。

5 相手《あいて》と向《む》かい合《あ》ったら右足インサイドで切り返《かえ》す。

足首《あしくび》のスナップを利《き》かせて切り返《かえ》す

6 相手《あいて》の逆《ぎゃく》をついて、すばやくドリブル突破《とっぱ》。

うまくなるコツ　相手《あいて》を左右《さゆう》に振《ふ》り回《まわ》す

まずはボール方向《ほうこう》に向《む》かうことで相手《あいて》をさそい出す。さらにバックステップすることで相手《あいて》を逆方向《ぎゃくほうこう》へもどし、最後《さいご》に切り返《かえ》しで抜《ぬ》くという流《なが》れだ。

1 ボールといっしょにバックステップ。

2 相手《あいて》が近づいてきたら切り返《かえ》す。

パート3
コントロール編

5 オープントラップに挑戦《ちょうせん》！

リバーストラップ（➡94ページ）の応用編《おうようへん》がオープントラップだ。ボールに近づいて止めると見せかけ、ボールを流《なが》して抜《ぬ》こう！

◆足もとにトラップすると見せかけて前に出す

こんなときに使う!

ゴール前や中盤《ちゅうばん》のエリアで、ワンタッチで相手《あいて》をかわして攻《せ》め上がりたいとき。

1 パス方向《ほうこう》へダッシュして向《む》かう。
ダッシュで相手《あいて》をさそい出す!
2 左足で踏《ふ》んばって急《きゅう》ブレーキでストップ。
3 足を出してボールを止めると見せかける。

トラップしないで
右足を引く
4
ボールを止めずに体を回転《かいてん》させる。
5
右足インサイドで前にボールを押《お》し出す。

6
すばやくボールに追《お》いついてドリブルする。

うまくなるコツ 足を引いてボールを流《なが》す

ポイントは足の動《うご》かし方。足もとで止めると見せかけてその足を引き、ボールを流《なが》しながら体を回転《かいてん》させる。そこで相手《あいて》が逆《ぎゃく》に動《うご》いたら、すかさず切り返《かえ》そう。

2
1

足を引いて体を回転《かいてん》。

足もとで止めるふり。

シャペウトラップに挑戦《ちょうせん》！

相手《あいて》を背《せ》にした状態《じょうたい》で、ワンタッチで相手《あいて》の頭《あたま》を越《こ》えてかわすシャペウトラップ。リフティングをイメージして挑戦《ちょうせん》してみよう。

◆ワンタッチで相手《あいて》の頭上《ずじょう》を越《こ》す

2 はずんだボールが落《お》ちてきたところをねらう。

こんなときに使う！

サイドなどで、相手《あいて》を背《せ》にした状態《じょうたい》で自分にはずんだボールが届《とど》き、さらに前方《ぜんぽう》に大きめのスペースがあるとき。

1 バウンドしたボールに対《たい》して、半身《はんみ》で構《かま》える。

レベルアップ 練習《れんしゅう》法《ほう》 リフティングから応用《おうよう》する

ボールタッチのイメージは、アウトサイドでのリフティングと同じだ。地面《じめん》と平行《へいこう》になるまでしっかりと足を上げて数回《すうかい》真上《まうえ》にリフティングしてから、最後《さいご》に角度《かくど》をつけて大きく蹴《け》り出す練習《れんしゅう》をしてみよう。

リフティングして最後《さいご》にシャペウの動《うご》き。

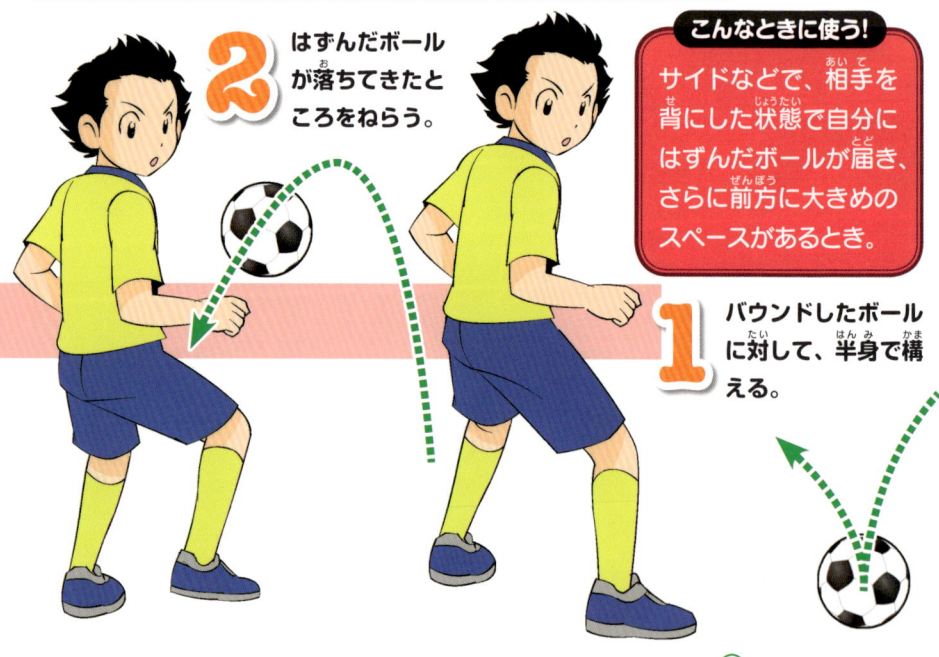

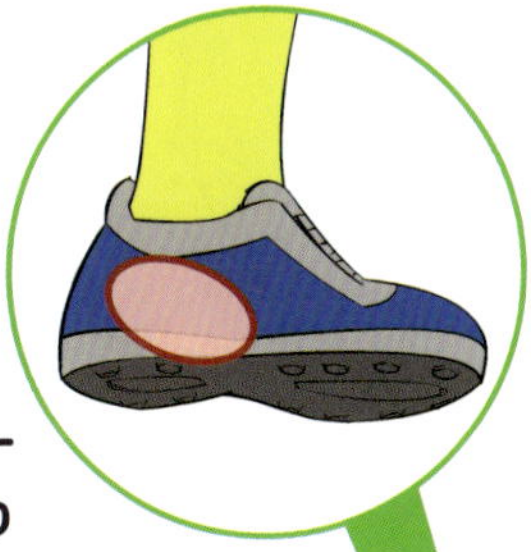

足の外側《そとがわ》の真《ま》ん中《なか》あたりでミートする。

3 アウトサイドでミートし、大きめに蹴《け》り上げる。

4 相手《あいて》を振《ふ》り切って、前のスペースでボールを受《う》ける。

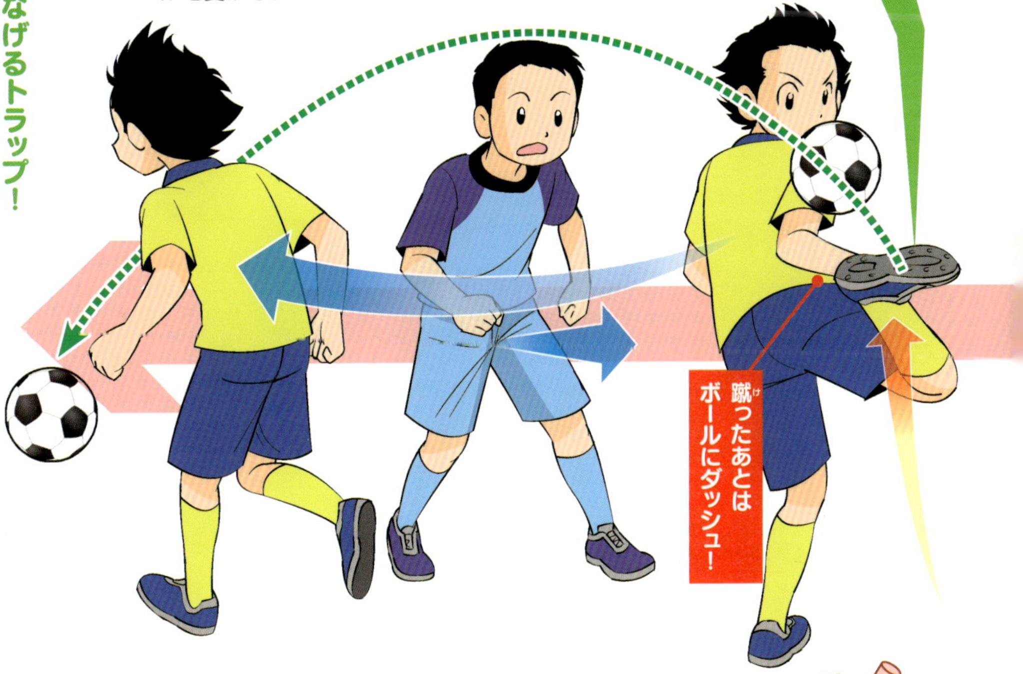

うまくなるコツ

体を倒《たお》してミート

ボールに当てるとき、体を倒《たお》すことで前にすばやくダッシュを切ることができる。ただし、走りながらだとミスするので、ミートするまでしっかりと確《かく》認《にん》しよう。

体を倒《たお》すことで角度《かくど》がつき、すばやくダッシュできる。

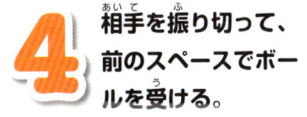

プロサッカー選手“少年時代”の練習法③

“サッカーノート”で苦手《にがて》なプレーを知《し》る!

センスあふれる天才《てんさい》ゲームメーカー

柴崎岳《しばさきがく》

（鹿島《かしま》アントラーズ／MF《ミッドフィルダー》）

トラップ失敗《しっぱい》!
足《た》りないところは……
ボン!
トラップの練習《れんしゅう》だ!

小学生《しょうがくせい》のころによくやっていた練習《れんしゅう》は、「リフティング」とか「壁当《かべあ》て」とか、基本的《きほんてき》なことが多《おお》かったですね。壁《かべ》に向《む》かって苦手《にがて》なキックを練《れん》習《しゅう》したり、利《き》き足ではないほうの足を使《つか》って蹴《け》ってみたり、あえて強《つよ》めのボールや浮《う》き球《だま》のボールを蹴《け》って、はね返《かえ》ってきたボールを正確《せいかく》に止める練習《れんしゅう》をしたりしていました。

あと、僕《ぼく》は小《ちい》さいころから「サッカーノート」をつけていましたね。毎日《まいにち》の練習《れんしゅう》メニューとか試合後《しあいご》の反省《はんせい》とか、決《き》まったルールはなくて、頭《あたま》に浮《う》かんだことをひたすら書《か》いていました。

よく書《か》いていたのは、どんなシーンで自分がミスをしていたか。そんなことを何日《なんにち》か書《か》いてみて、後《あと》で見返《みかえ》して読《よ》むことで自分の苦手《にがて》なプレーが分《わ》かってくるんです。あとはそのミスをくり返《かえ》さないための練習《れんしゅう》をするだけでした。

このように書《か》くことによって頭《あたま》の中《なか》が整理《せいり》されるし、自分が何《なに》をすべきかも見えてくるんです。技術的《ぎじゅつてき》にも精神的《せいしんてき》にもレベルアップするためには、自分《じぶん》の言葉《ことば》で書《か》くということが、とても役《やく》に立つ方法《ほうほう》だと思《おも》います。

パート

4

シュート編《へん》

確実《かくじつ》に
ゴールを決《き》める！

パート4のポイント

どんなに強《つよ》いシュートでも、ゴールの枠《わく》の中に蹴《け》らなければ得点《とくてん》にならない。ＧＫ《ゴールキーパー》の位置《いち》を確認《かくにん》し、ＧＫ《ゴールキーパー》が届《とど》かない位置《いち》にシュートできる正確《せいかく》さや、相手《あいて》をかわして得点《とくてん》できる技術《ぎじゅつ》を身《み》につけよう！

グループステージ
第《だい》2試《し》合《あい》
サンライズSC《エスシー》
対《たい》
エイトスターズ
ダダダダダ
颯太《そうた》くん！
ビシ！
はあああ——！
ダン
な…なんてジャンプ力《りょく》だ！
フワァ

4
ただのチビじゃなかったのか！
渚《なぎさ》ナイスクロス！
ザッ
ドゴッ!!
Sunrise SC
8STARS
8STARS
クロス
相手守備陣《あいてしゅびじん》を横切《よこぎ》るようにゴール前《まえ》へ送《おく》るパスのこと。

スキルアップ！ ヘディングシュートのコツ

▶▶127ページへ

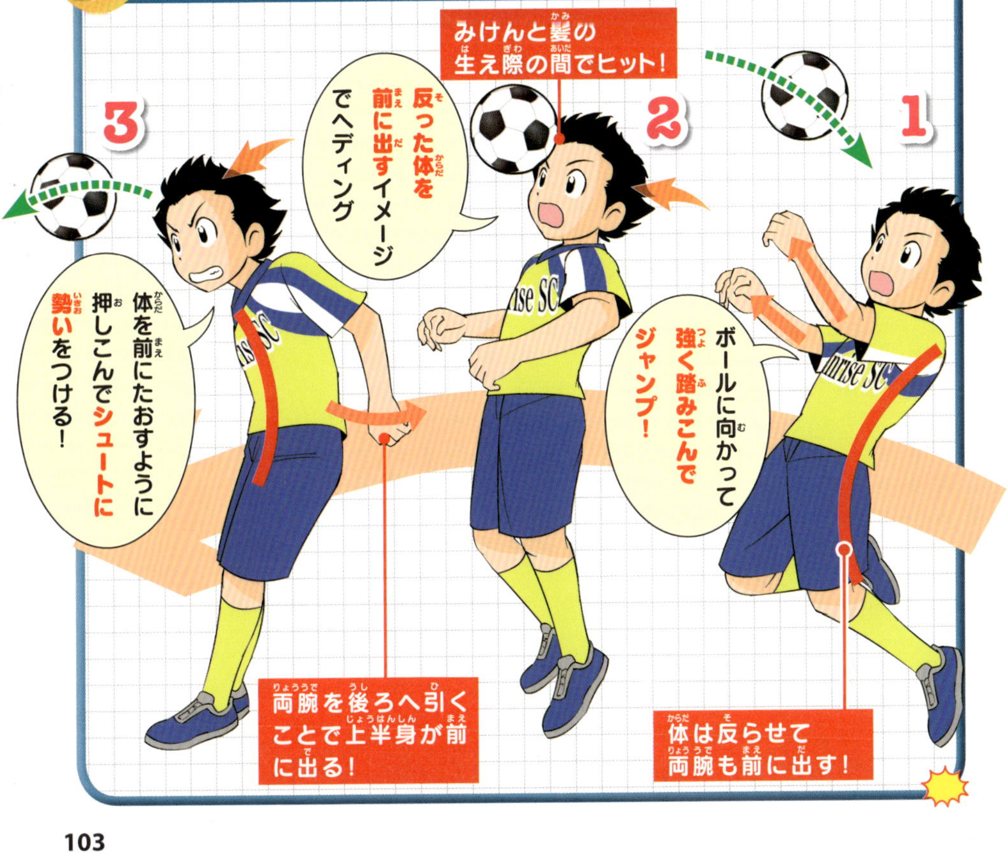
1
ボールに向《む》かって強《つよ》く踏《ふ》みこんでジャンプ！
体《からだ》は反《そ》らせて両腕《りょううで》も前《まえ》に出《だ》す！
2
みけんと髪《かみ》の生《は》え際《ぎわ》の間《あいだ》でヒット！
反《そ》った体《からだ》を前《まえ》に出《だ》すイメージでヘディング
3
体《からだ》を前《まえ》にたおすように押《お》しこんでシュートに勢《いきお》いをつける！
両腕《りょううで》を後《うし》ろへ引《ひ》くことで上半身《じょうはんしん》が前《まえ》に出《で》る！

ザ
よっしゃあ ああああ!
サンライズSC《エスシー》 3対《たい》1 エイトスターズ
グループステージ 第《だい》3試《し》合《あい》 サンライズSC《エスシー》 対《たい》 FC《エフシー》ファイヤー
おっと!
ヒョイ
よっ!
ヒョイ

うっ
うまいっ！
でも
タッチラインを
割《わ》りそうだぞ！
クルッ
おりゃあああ！
ビシッ！
おお
マイナスクロス！
マイナスクロス
攻撃方向《こうげきほうこう》とは逆《ぎゃく》に戻《もど》るようにゴール前《まえ》へ送《おく》るパス。
ポーーン
あの体勢《たいせい》から
こんなに
蹴《け》りやすい
コースに！
ドッ

スキルアップ!

マイナスクロスからのシュート!

132ページへ

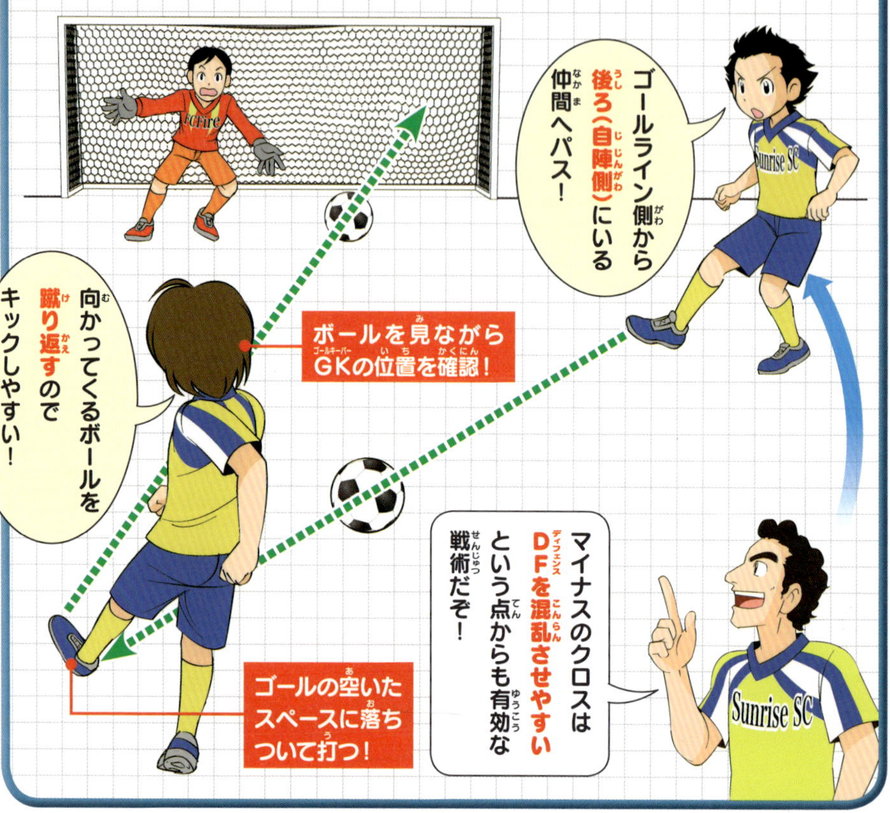
ゴールライン側《がわ》から後《うし》ろ（自陣側《じじんがわ》）にいる仲間《なかま》へパス!
向《む》かってくるボールを蹴《け》り返《かえ》すのでキックしやすい!
ボールを見《み》ながらGK《ゴールキーパー》の位置《いち》を確認《かくにん》!
ゴールの空《あ》いたスペースに落《お》ちついて打《う》つ!
マイナスのクロスはDF《ディフェンス》を混乱《こんらん》させやすいという点《てん》からも有効《ゆうこう》な戦術《せんじゅつ》だぞ!
Sunrise SC
FCFire

ズバーン!
FCFire

ナイッシュー！
ううん 颯太《そうた》くんのクロスのおかげだよ！
Sunrise SC
さっすがー！ 最高《さいこう》のシュートだったぜ！ 渚《なぎさ》！
イエーーーイ！
第《だい》3戦《せん》 サンライズSC《エスシー》 2対《たい》0 FC《エフシー》ファイヤー
初戦《しょせん》を落《お》としたサンライズSC《エスシー》だったが第《だい》2戦《せん》と第《だい》3戦《せん》を続《つづ》けて勝利《しょうり》
グループステージを2位《い》で通過《つうか》した

ポン
ポン
第《だい》2戦《せん》や第《だい》3戦《せん》は
わりと
楽勝《らくしょう》だったな…
初戦《しょせん》は
あんなに
苦労《くろう》したのに…
？
どうして
ブルーペガサスが
相手《あいて》だと
メッタメタに
されてしまうんだ？
ポン
ポン
う〜〜ん

グワァー
ああ！やっぱりわかんねー！
Sunrise SC
もう1回《かい》監督《かんとく》に聞《き》いてみるか！
監督《かんとく》の家《いえ》
ねえ 教《おし》えてくれよ 監督《かんとく》！
Sunrise SC
どうすれば ブルーペガサスに勝《か》てるんだ!?
おーおー よしよし
キャッ キャッ
べろべろ ば～
なんか… いつもの 監督《かんとく》じゃない……
どん引《び》き

もー……
監督《かんとく》ってば!!
わっ!
ふぐっ…… ……!
ふぎゃあ〜〜〜!
こら颯太《そうた》 ダメじゃないか!
大声出《おおごえだ》しやがってまったく!
どーすんだよ!
えええ? そんなこといったって
え…… えーっと… べろべろばー
フギャーフギャー

あばばばばベロベロベロベロ!
あーもう!わかったわかった!
Sunrise SC
もういい!
フー
明日《あした》グラウンドにチーム全員《ぜんいん》で集合《しゅうごう》しとけ!そのとき教《おし》えるから…
やった!
今日《きょう》はもう遅《おそ》いから帰《かえ》れよ!
Sunrise SC

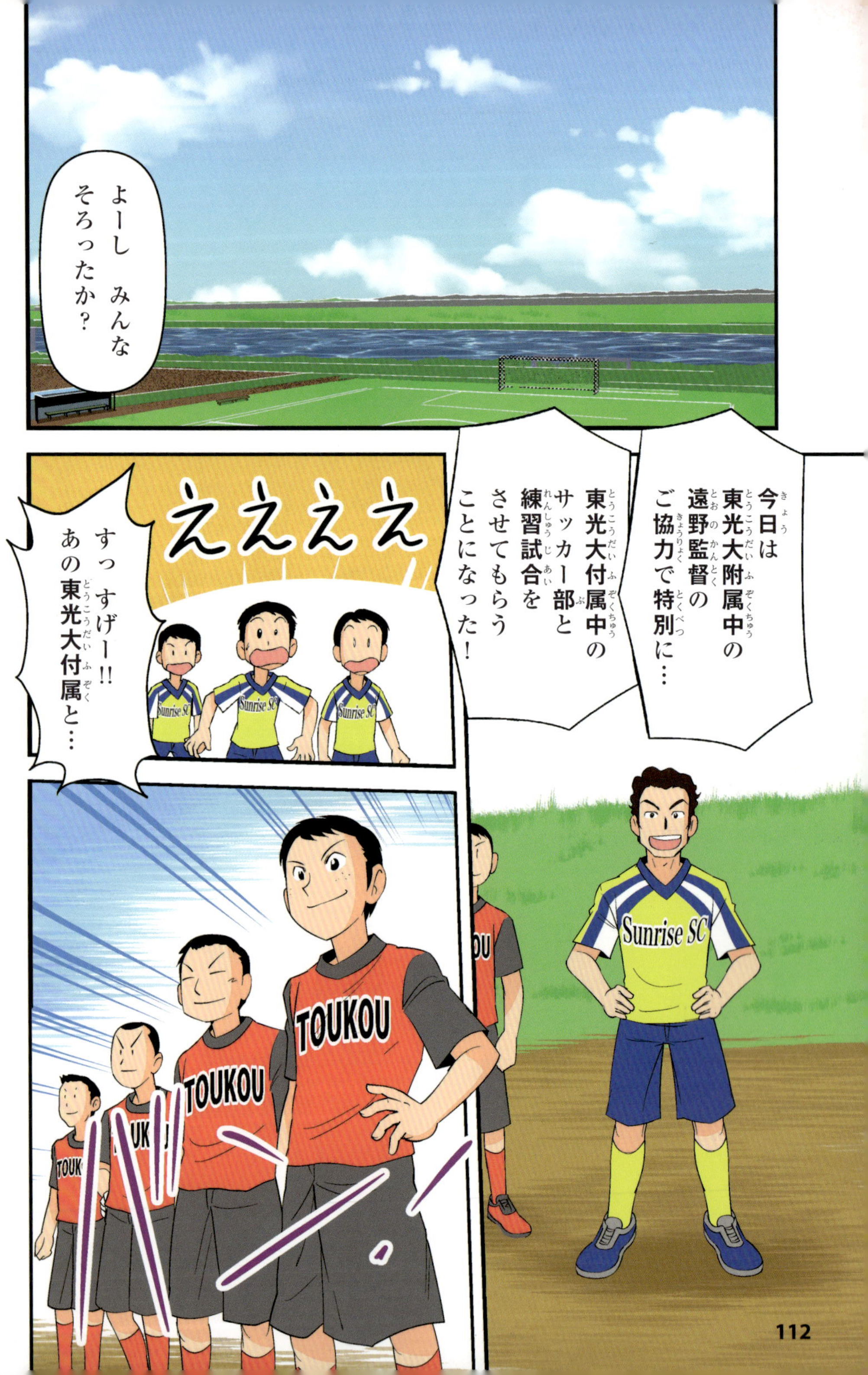
よーし　みんな
そろったか？
今日《きょう》は東光大附属中《とうこうだいふぞくちゅう》の遠野監督《とおのかんとく》のご協力《きょうりょく》で特別《とくべつ》に…
東光大付属中《とうこうだいふぞくちゅう》のサッカー部《ぶ》と練習試合《れんしゅうじあい》をさせてもらうことになった！
えええええ
すっ　すげー!!
あの東光大付属《とうこうだいふぞく》と…
Sunrise SC
TOUKOU

監督《かんとく》…これでなにかわかるっていうことなのか…？
うわー みんな大人《おとな》っぽーい！
ザザ
ザ
ダダダ
カウンターだ！みんな戻《もど》れ！
TOUKOU
ビシッ

ギュンー
ダッ
TOUKOU
ドッ
ズバン
Sunrise SC

スルーパスから
裏《うら》を突《つ》かれて
失点《しってん》
こっ これは
ブルーペガサス戦《せん》と
同《おな》じ展開《てんかい》だ!!
ビシッ
グッ
パシッ
まただ…
このスルーパスが……!
ビシッ
スルーパスを
送《おく》る選手《せんしゅ》をまず
どうにかしないと
……!
ハッ

わかったぞ！みんなちょっとタイム！
えっ！
気《き》づいたな 颯《そう》太《た》
なっ なんだよ 颯《そう》太《た》 試合中《しあいちゅう》に…
わかった！なんで俺《おれ》たちがブルーペガサスに負《ま》けちゃうのかがわかったんだ！
えええっ！マジか！

ド
シュ
シュ
ズバーン
あれ?
颯太《そうた》くん なぞがとけたのは よかったけど サッカーに タイムはないよ!
ドギャ!
う…さすが 名門《めいもん》チーム きびしぃー!
TOUKOU
Sunrise SC

パート4
シュート編

1 ドリブルからのシュート！

試合《しあい》ではドリブルからゴールをねらうシーンが多い。ドリブルからのインステップシュートとインフロントシュートを覚《おぼ》えよう！

◆ドリブルからゴールをねらう

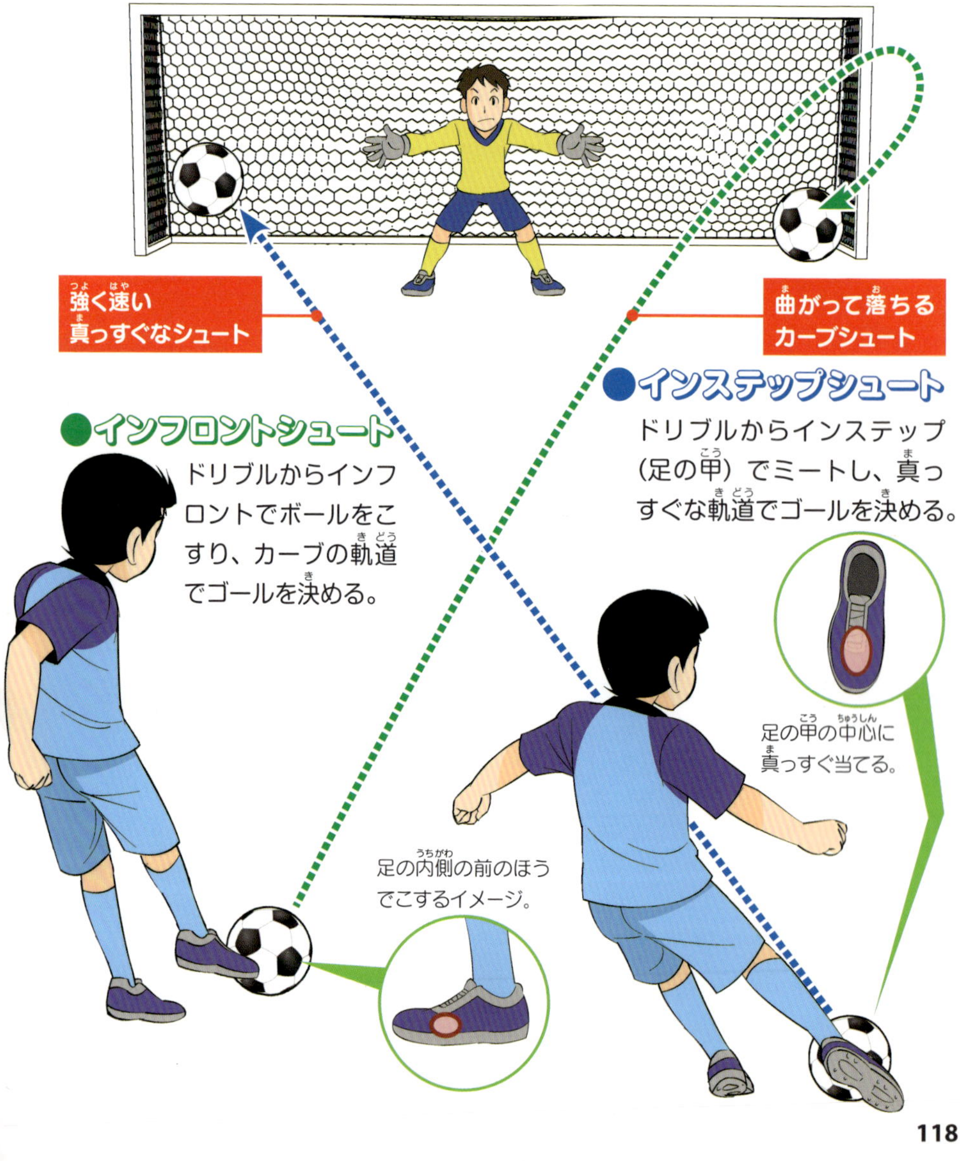

強《つよ》く速《はや》い
真《ま》っすぐなシュート
曲《ま》がって落《お》ちる
カーブシュート
足《こう》の甲《こう》の中心《ちゅうしん》に
真《ま》っすぐ当てる。
足の内側《うちがわ》の前のほう
でこするイメージ。

●インステップシュート

ドリブルからインステップ（足の甲《こう》）でミートし、真《ま》っすぐな軌道《きどう》でゴールを決《き》める。

●インフロントシュート

ドリブルからインフロントでボールをこすり、カーブの軌道《きどう》でゴールを決《き》める。

◆インステップシュートのコツ

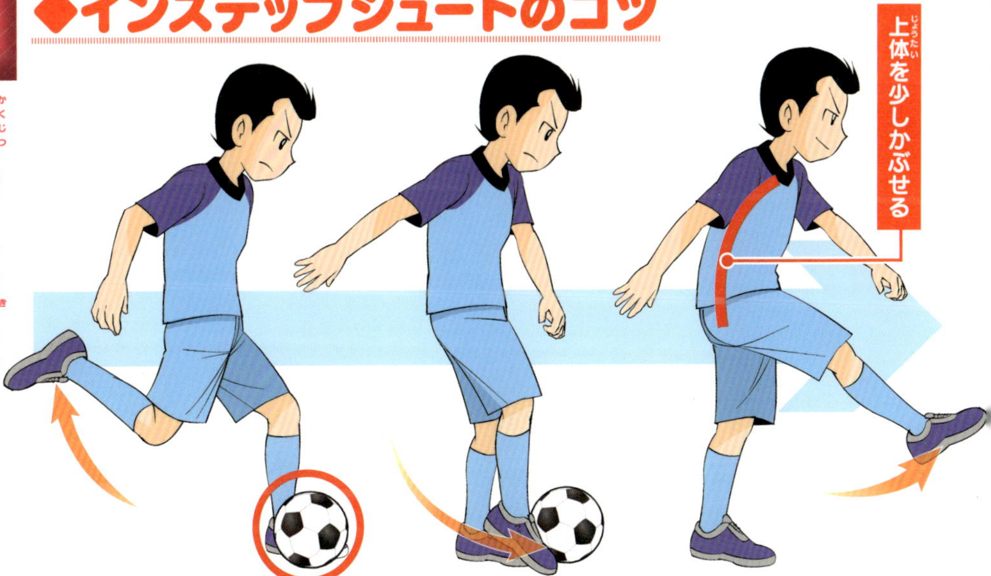
上体《じょうたい》を少しかぶせる

1 転《ころ》がるボールの横《よこ》にやや深《ふか》めに踏《ふ》みこむ。

2 軸足《じくあし》の横《よこ》で、インステップでミートする。

3 蹴《け》り足を真《ま》っすぐに振《ふ》り抜《ぬ》く。

◆インフロントシュートのコツ

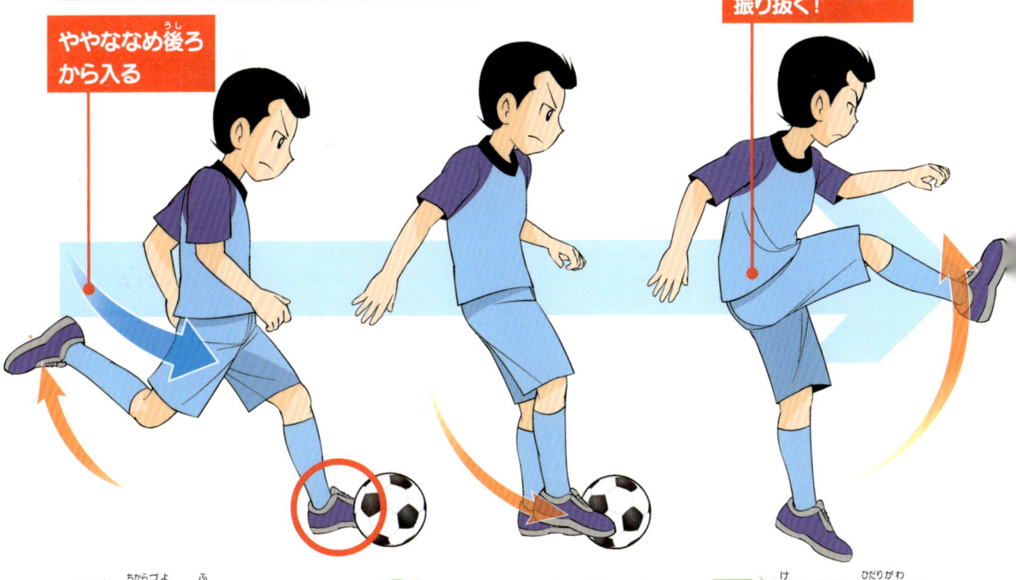
腰《こし》をひねるように振《ふ》り抜《ぬ》く！
ややななめ後《うし》ろから入る

1 力強《ちからづよ》く踏《ふ》みこんで、蹴《け》り足を後《うし》ろに引く。

2 インフロントでミートしてボールをこする。

3 蹴《け》り足を左側《ひだりがわ》に振《ふ》り抜《ぬ》く。

パート4

シュート編

2

股《また》抜《ぬ》きシュートに挑《ちょう》戦《せん》！

ゴール前では相手《あいて》ＤＦ《ディフェンダー》をいかにかわしてシュートするかがポイントだ。相手《あいて》の動《うご》きを読《よ》んだ、股《また》を抜《ぬ》くシュート技術《ぎじゅつ》を覚《おぼ》えよう！

◆相手《あいて》の股《また》をねらってシュートを打つ

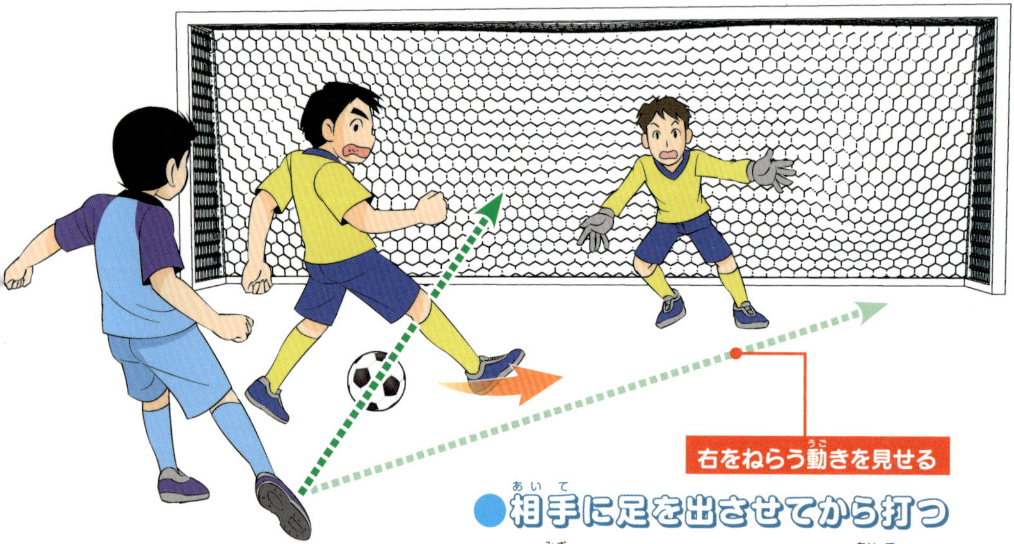

●相手《あいて》に足を出させてから打つ

ゴール右《みぎ》すみをねらうと見せかけ、相手《あいて》の足を大きく出させる。そして相手《あいて》の股《また》を通《とお》すようなシュートを打つ。

うまくなるコツ

体をひねるイメージ

蹴《け》る直前《ちょくぜん》に足を内側《うちがわ》に回《まわ》すような感《かん》じで足の甲《こう》のやや内側《うちがわ》に当てよう。そのまま足を左側《ひだりがわ》に大きく振《ふ》り、体をひねり切るイメージを持《も》つと、角度《かくど》のついたシュートがいく。

蹴《け》り足の回《まわ》しと体のひねりでシュート方《ほう》向《こう》を変《か》える。

◆股《また》抜《ぬ》きシュートのコツ

1 軸足《じくあし》(左足)と体を右方向《みぎほうこう》へ踏《ふ》み出す。

2 蹴《け》り足を直前《ちょくぜん》に横《よこ》に回《まわ》す。

3 インステップのやや内側《うちがわ》でミートする。

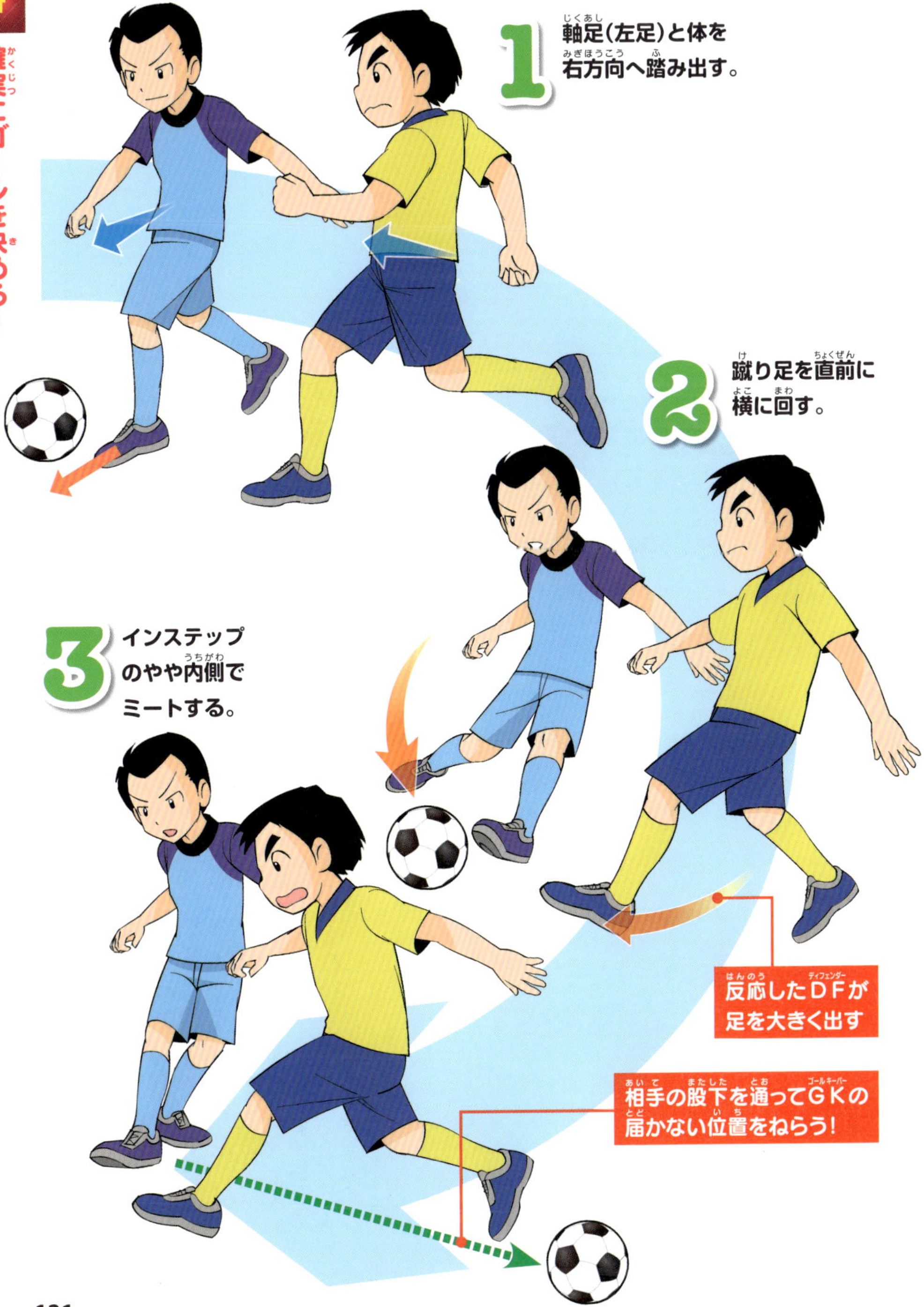
反応《はんのう》したDF《ディフェンダー》が足を大きく出す
相手《あいて》の股下《またした》を通《とお》ってGK《ゴールキーパー》の届《とど》かない位置《いち》をねらう!

パート4
シュート編
3

スライスシュートに挑戦《ちょうせん》！

足の振《ふ》りを工夫《くふう》することでシュートの軌道《きどう》を変《か》えることができる。GK《ゴールキーパー》正面《しょうめん》から外に流《なが》れるようなスライスシュートを覚《おぼ》えよう！

◆外側《そとがわ》に曲《ま》がるシュートを打つ

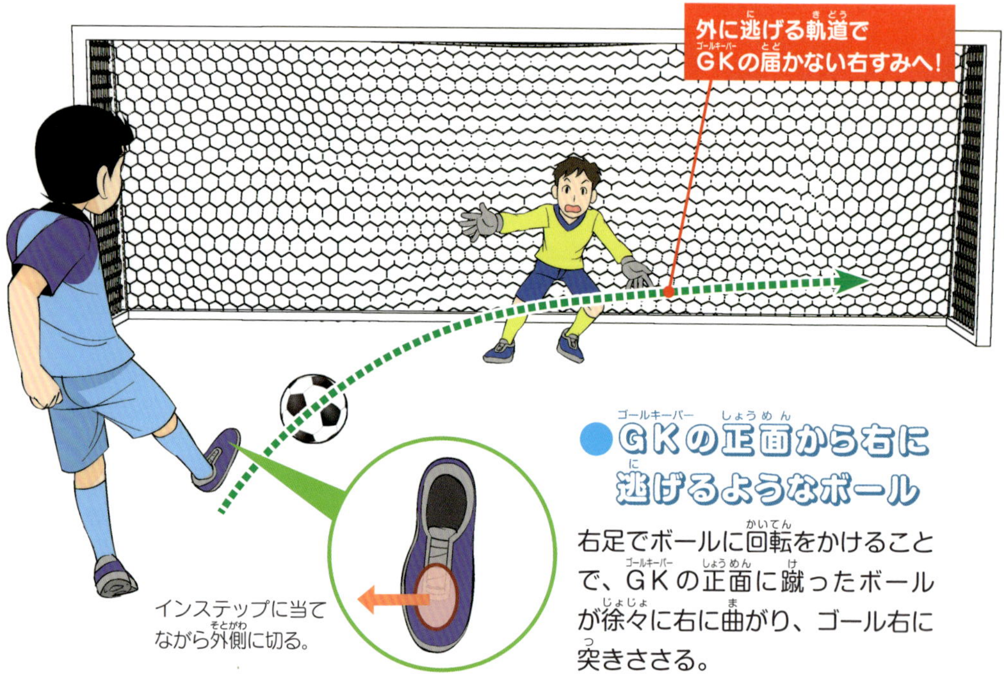
外に逃《に》げる軌道《きどう》で
GK《ゴールキーパー》の届《とど》かない右すみへ！
インステップに当てながら外側《そとがわ》に切る。

●GK《ゴールキーパー》の正面《しょうめん》から右に逃《に》げるようなボール

右足でボールに回転《かいてん》をかけることで、GK《ゴールキーパー》の正面《しょうめん》に蹴《け》ったボールが徐々《じょじょ》に右に曲《ま》がり、ゴール右に突《つ》きささる。

うまくなる
コツ

ボールを切るようなイメージ

インステップでボールの中心《ちゅうしん》をミートしたら、インステップからアウトサイド側《がわ》にボールが転《ころ》がるようにスライドさせる。ボールを押《お》し出すのではなく、切るようなイメージだ。

足をボールに当てたら左にスライドさせる。

◆スライスシュートのコツ

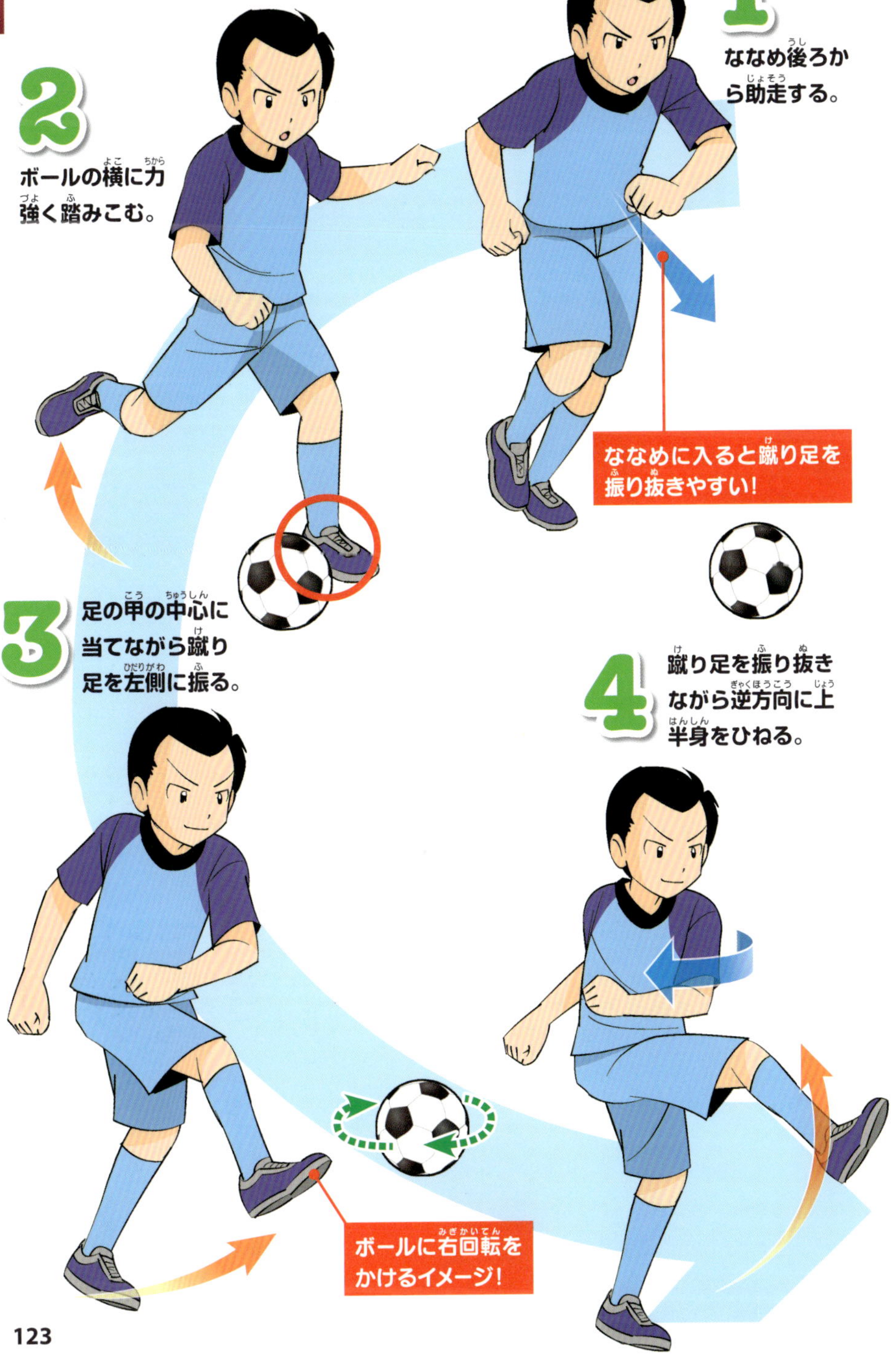

1 ななめ後《うし》ろから助走《じょそう》する。

2 ボールの横《よこ》に力強《ちからづよ》く踏《ふ》みこむ。

3 足の甲《こう》の中心《ちゅうしん》に当てながら蹴《け》り足を左側《ひだりがわ》に振《ふ》る。

4 蹴《け》り足を振《ふ》り抜《ぬ》きながら逆方向《ぎゃくほうこう》に上《じょう》半身《はんしん》をひねる。

ループシュートに挑戦《ちょうせん》！

GK《ゴールキーパー》と1対《たい》1で、GK《ゴールキーパー》が前に出てきて打つコースがなくなる…。そんなときは、GK《ゴールキーパー》の頭《あたま》を越《こ》すループシュートをねらおう！

◆GK《ゴールキーパー》の頭上《ずじょう》を越《こ》すシュートを打つ

●GK《ゴールキーパー》が前に出てきたタイミングで打つ

ループシュートをねらうタイミングは、GK《ゴールキーパー》が前にダッシュしてきて、その後《うし》ろには誰《だれ》もいないとき。冷静《れいせい》にGK《ゴールキーパー》の頭上《ずじょう》をねらおう。

レベルアップ 練習法《れんしゅうほう》 ループキックでカゴに入れる

普段《ふだん》ボールを入れているカゴがあれば、そこにループキックで入れる練習《れんしゅう》をしてみよう。止まったボールを蹴《け》ったり、ドリブルしながらにも挑戦《ちょうせん》だ。

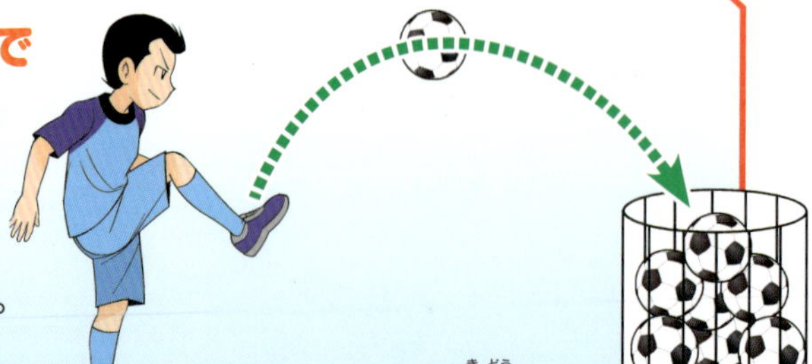

ループキックの軌道《きどう》を確《たし》かめながら蹴《け》ろう。

◆ループシュートのコツ

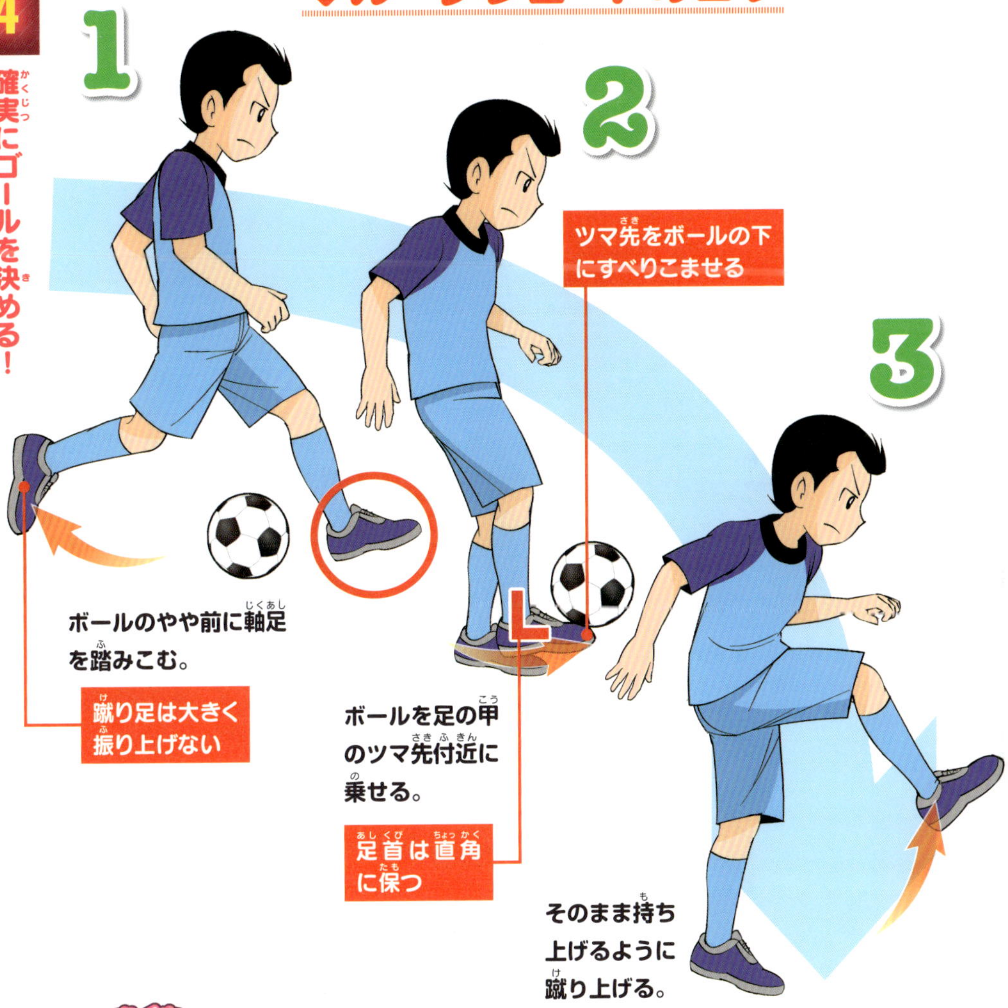
1
2
3
ボールのやや前に軸足《じくあし》を踏《ふ》みこむ。
蹴《け》り足は大きく振《ふ》り上げない
ボールを足の甲《こう》のツマ先《さき》付《ふ》近《きん》に乗《の》せる。
足首《あしくび》は直角《ちょっかく》に保《たも》つ
ツマ先《さき》をボールの下にすべりこませる
そのまま持《も》ち上げるように蹴《け》り上げる。

うまくなるコツ ボールを高く上げるには軸足《じくあし》で軽《かる》くジャンプ!

GK《ゴールキーパー》にキャッチされず、さらにゴール枠内《わくない》に入る高さのボールを上げるには、ボールを足に乗《の》せたら、軸足《じくあし》のかかとを上げて軽《かる》くジャンプしよう。こうすることでふわりと高くボールが上がるのだ。

軸足《じくあし》で軽《かる》くジャンプするとより高く上がる。

浮《う》き球《だま》クロスをシュート!

浮《う》き球《だま》のクロスが来た場合《ばあい》は、大きく分《わ》けて2つのシュートがある。ひとつはヘディングシュート、もうひとつがボレーシュートだ。

◆クロスの高さに応《おう》じて打ち分《わ》ける

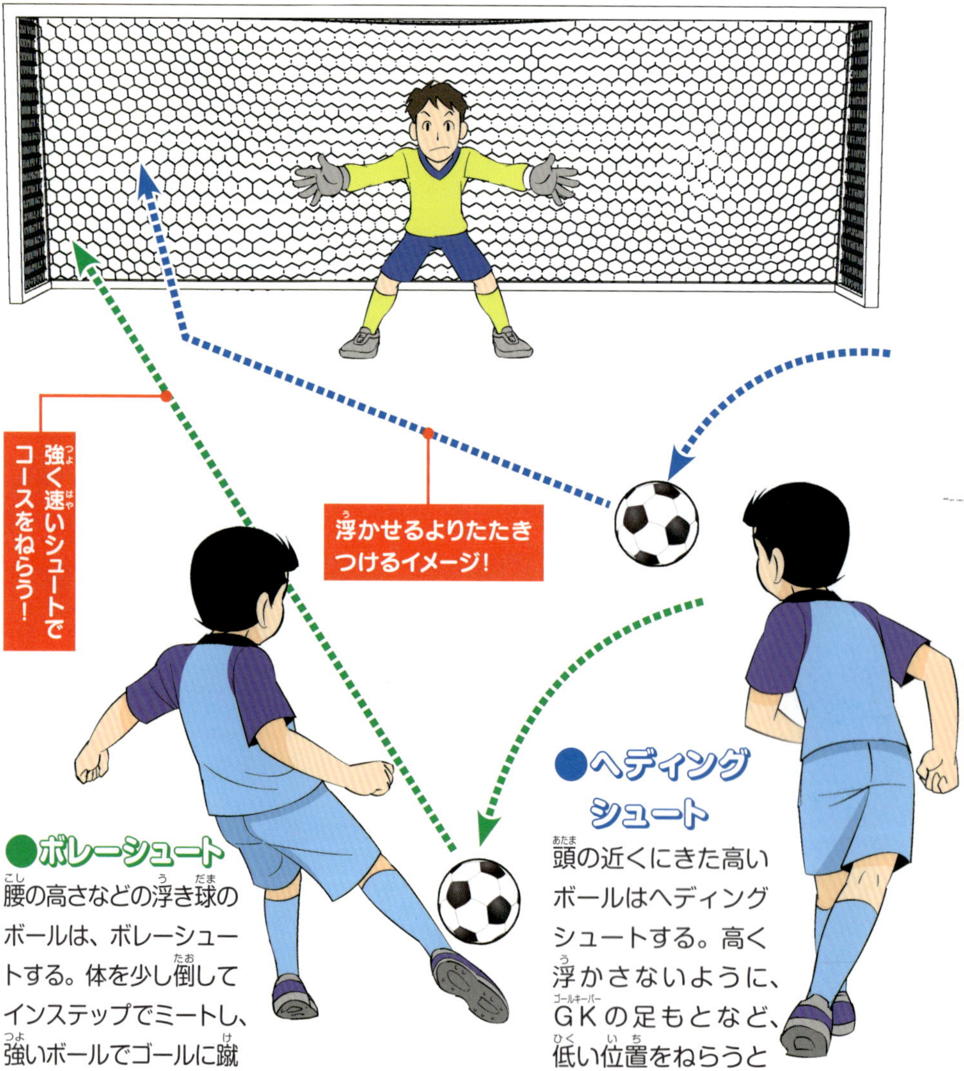
強《つよ》く速《はや》いシュートで
コースをねらう!
浮《う》かせるよりたたき
つけるイメージ!

●ボレーシュート

腰《こし》の高さなどの浮《う》き球《だま》のボールは、ボレーシュートする。体を少し倒《たお》してインステップでミートし、強《つよ》いボールでゴールに蹴《け》りこむ。

●ヘディングシュート

頭《あたま》の近くにきた高いボールはヘディングシュートする。高く浮《う》かさないように、GK《ゴールキーパー》の足もとなど、低《ひく》い位置《いち》をねらうと決《き》まりやすい。

◆ボレーシュートのコツ

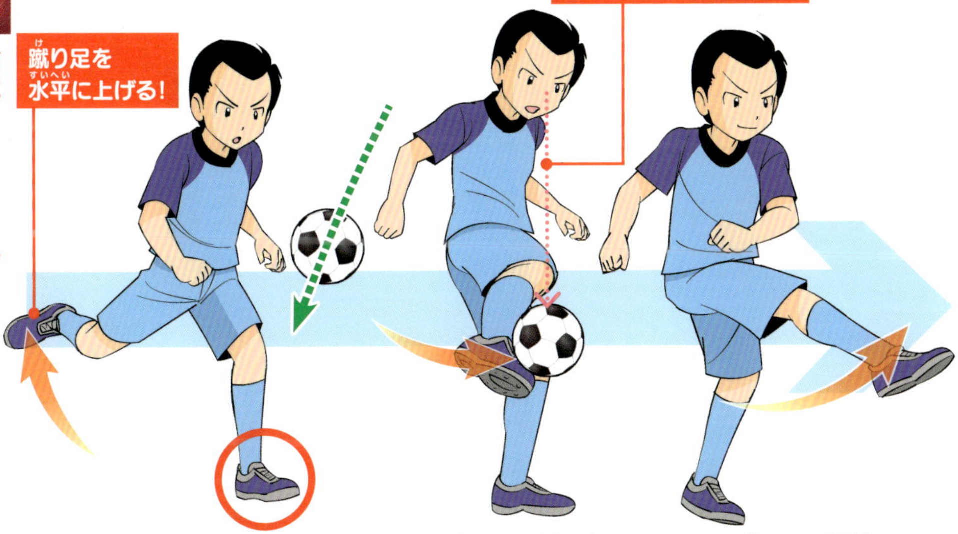
ボールをしっかりと見る！
蹴《け》り足を
水平《すいへい》に上げる！

1 体のななめ前にボールが来るように踏《ふ》みこむ。

2 蹴《け》り足を横《よこ》に振《ふ》ってインステップでミートする。

3 真《ま》っすぐ水平《すいへい》に足を振《ふ》り抜《ぬ》いてボールを確認《かくにん》。

◆ヘディングシュートのコツ

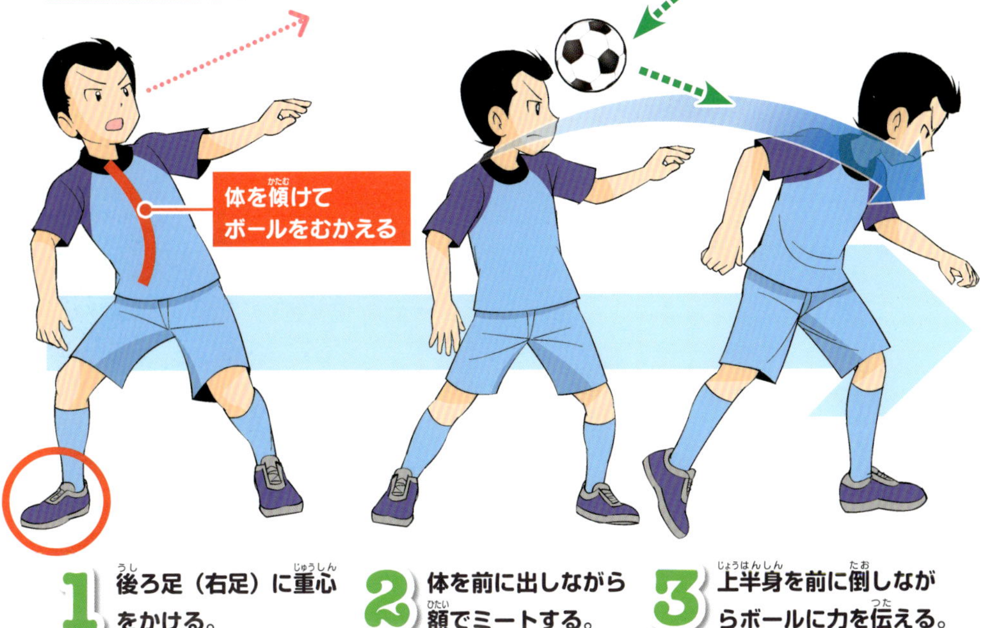
体を傾《かたむ》けて
ボールをむかえる

1 後《うし》ろ足（右足）に重心《じゅうしん》をかける。

2 体を前に出しながら額《ひたい》でミートする。

3 上半身《じょうはんしん》を前に倒《たお》しながらボールに力を伝《つた》える。

6 フリックワンツーからのシュート！

ゴール前の突破《とっぱ》がむずかしい状況《じょうきょう》では、味方《みかた》を使ったフリックワンツーで突破《とっぱ》だ。とくに相手《あいて》を背《せ》にした状態《じょうたい》で有効《ゆうこう》なプレーだ。

◆後《うし》ろにパスを出してリターンパスをもらう

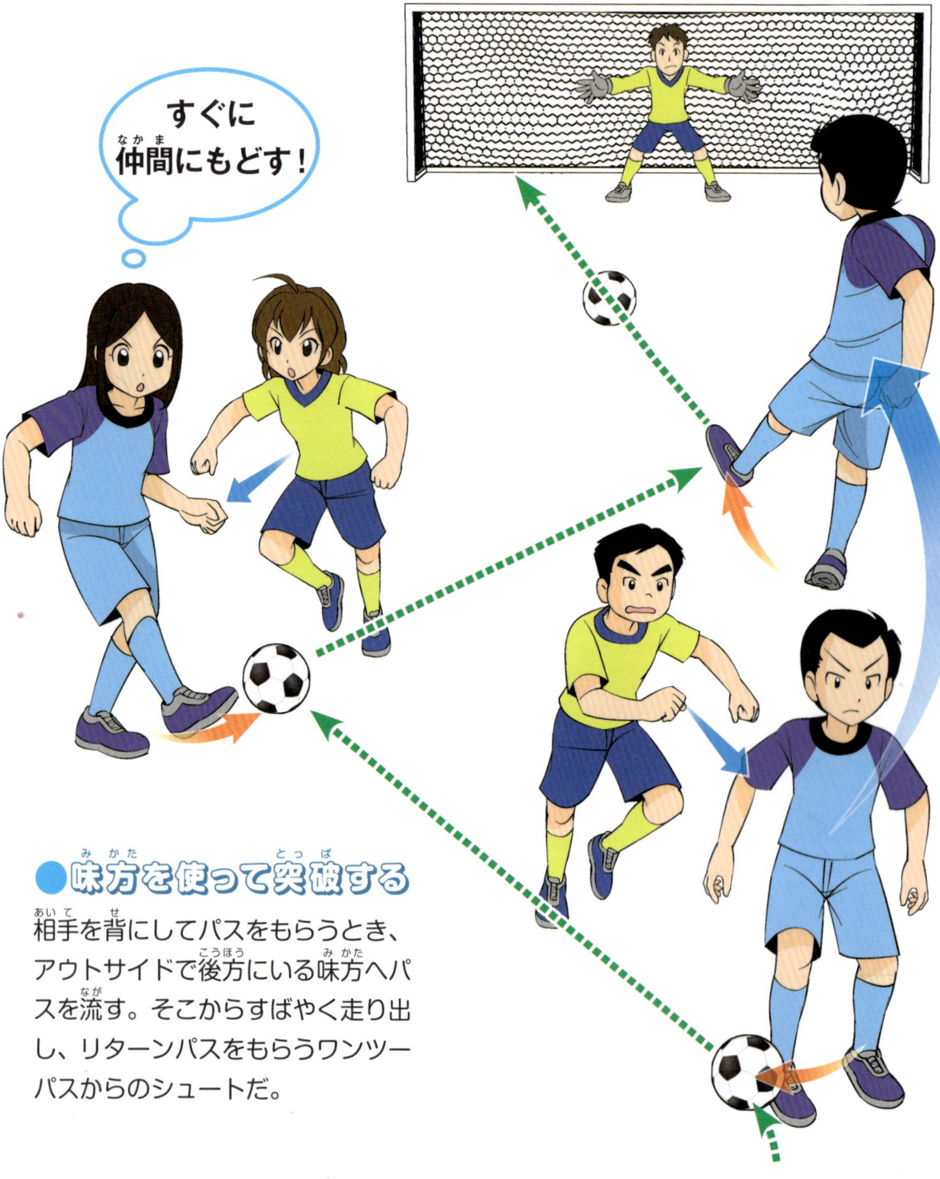

●味方《みかた》を使って突破《とっぱ》する

相手《あいて》を背《せ》にしてパスをもらうとき、アウトサイドで後方《こうほう》にいる味方《みかた》へパスを流《なが》す。そこからすばやく走り出し、リターンパスをもらうワンツーパスからのシュートだ。

◆フリックワンツーのコツ

1
相手《あいて》を背《せ》にしたまま
ボールに向《む》かって走る。
2
右足アウトサイドで
ミートし、後《うし》ろへパ
スを流《なが》す。
パスとは
逆方向《ぎゃくほうこう》へ回転《かいてん》
3
ターンしてゴールへ
すばやくダッシュ。
パスの角度《かくど》を
変《か》えるイメージ

●逆《ぎゃく》パターンも覚《おぼ》えておく

フリックワンツーには逆《ぎゃく》のパターンもある。後《うし》ろ足のインサイドに当てて股《また》を通《とお》し、自分の左ななめ後《うし》ろにパスを出す方法《ほうほう》だ。

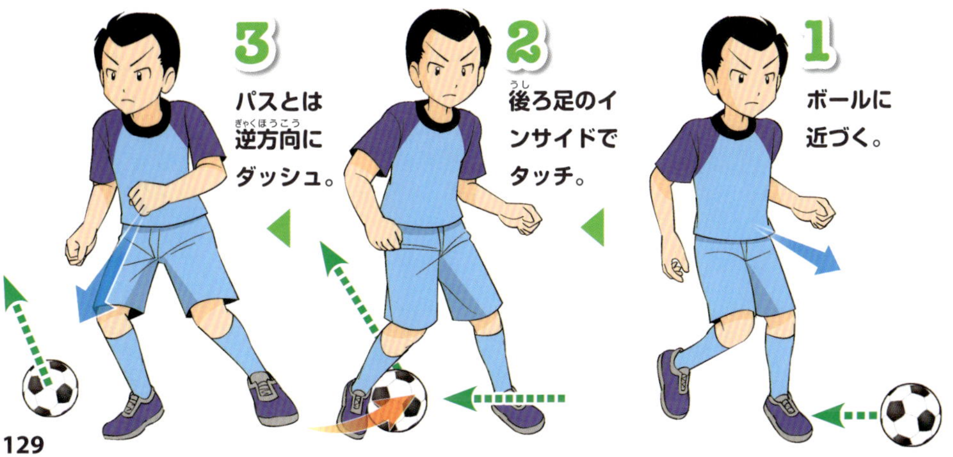
1
ボールに
近づく。
2
後《うし》ろ足のイ
ンサイドで
タッチ。
3
パスとは
逆方向《ぎゃくほうこう》に
ダッシュ。

スルーワンツーからのシュート！

パスを止めると見せてそのまま後《うし》ろに流《なが》すスルーを使い、仲間《なかま》とのスルーワンツーのパスワークで、シュートまで持《も》ちこもう！

◆スルーを使ったパスワークで突破《とっぱ》する

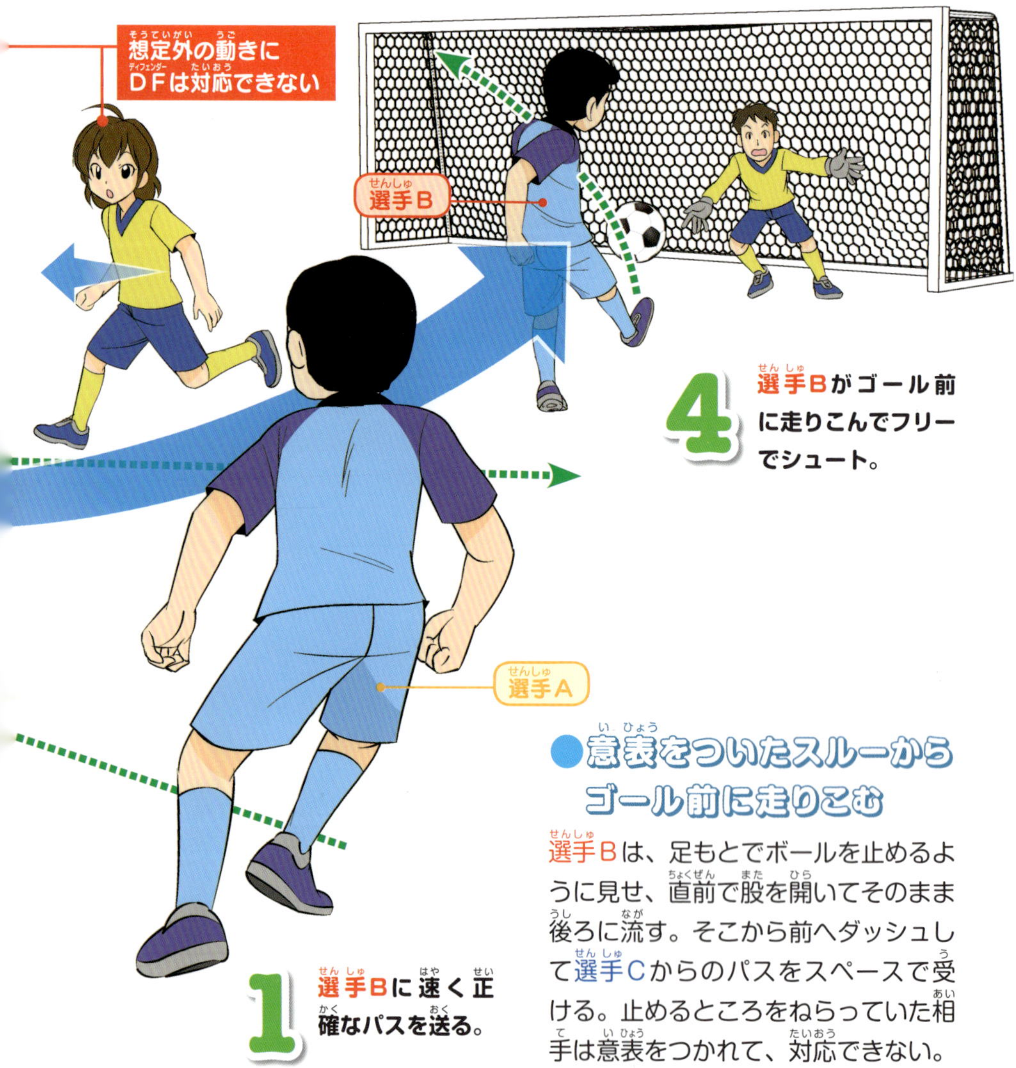

4 選手《せんしゅ》Bがゴール前に走りこんでフリーでシュート。

1 選手《せんしゅ》Bに速《はや》く正《せい》確《かく》なパスを送《おく》る。

●意表《いひょう》をついたスルーからゴール前に走りこむ

選手《せんしゅ》Bは、足もとでボールを止めるように見せ、直前《ちょくぜん》で股《また》を開《ひら》いてそのまま後《うし》ろに流《なが》す。そこから前へダッシュして選手《せんしゅ》Cからのパスをスペースで受《う》ける。止めるところをねらっていた相手《あいて》は意表《いひょう》をつかれて、対応《たいおう》できない。

レベルアップ練習《れんしゅう》法《ほう》 パスをつないでシュート！

ＤＦ《ディフェンダー》をつけないで２人もしくは３人でパスを自由につないでシュートする練習《れんしゅう》。ポジションを変《か》えたり、パスをスルーしたりして、みんなでアイディアを出し合《あ》いながらコンビネーションをみがこう。

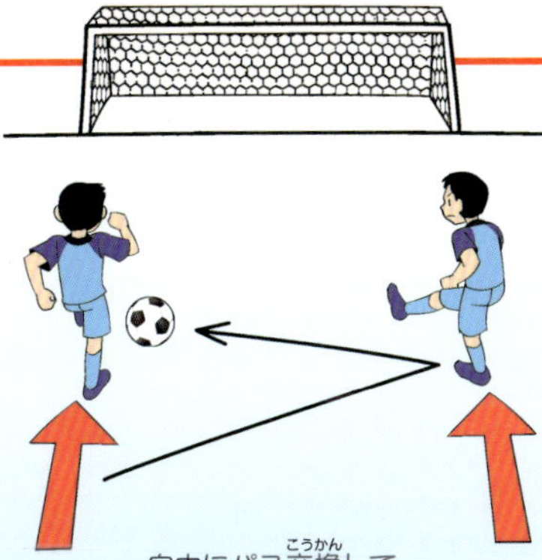

自由にパス交換《こうかん》してシュートまで持《も》ちこむ。

スルーだ！
えっ！
選手《せんしゅ》Ｃ
選手《せんしゅ》Ｂ
3 スルーされたボールを受《う》けてゴール前にパスを送《おく》る。
2 パスを受《う》けると見せて股《また》を開《ひら》いてスルーする。
スルーして相手《あいて》の動《うご》きを止め、置《お》き去《ざ》りにしてゴール前へ

うまくなるコツ　３人が直線上《ちょくせんじょう》に並《なら》ぶ

選手《せんしゅ》Ｂは、事前《じぜん》に味方《みかた》２人を確認《かくにん》し、その線上《せんじょう》に並《なら》ぶようにする。これがズレてしまうと、パスが通《とお》らなくなってしまうからだ。またパスを最初《さいしょ》に受《う》ける選手《せんしゅ》Ｃが、後《うし》ろから選手《せんしゅ》Ｂに「スルー！」と声《こえ》をかける方法《ほうほう》もある。

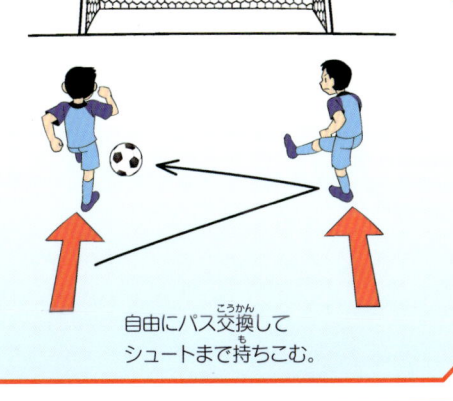

マイナスクロスからのシュート！

ゴールライン側《がわ》から自陣方向《じじんほうこう》へもどるボールを「マイナスのクロス」という。シュートチャンスをつくりやすいので、マスターしよう！

◆マイナスクロスでシュートチャンスをつくる

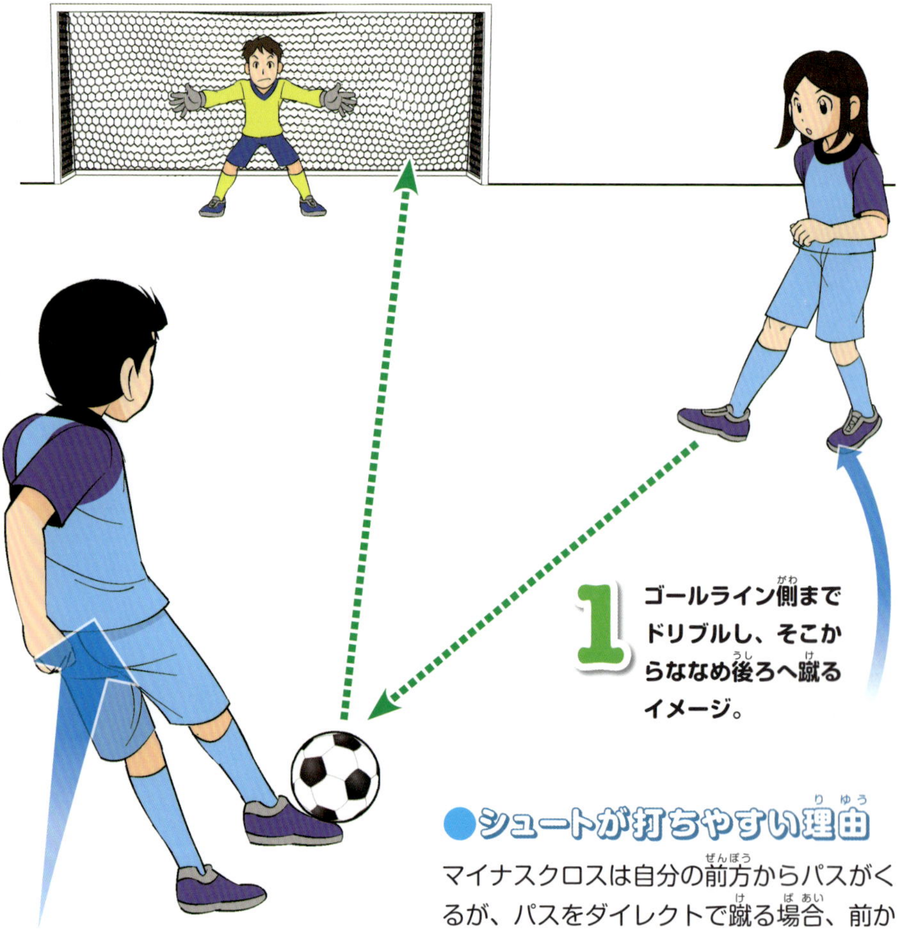

1 ゴールライン側《がわ》までドリブルし、そこからななめ後《うし》ろへ蹴《け》るイメージ。

2 前から向《む》かって来たボールを蹴《け》り返《かえ》すイメージ。

●シュートが打ちやすい理由《りゆう》

マイナスクロスは自分の前方《ぜんぽう》からパスがくるが、パスをダイレクトで蹴《け》る場合《ばあい》、前からのボールのほうが蹴《け》りやすい。また、パスを受《う》ける味方《みかた》にとってボールとゴールがいっしょに見えるので、ゴールをねらいやすいのだ。

●マイナスクロスでDF《ディフェンダー》に的《まと》をしぼらせない

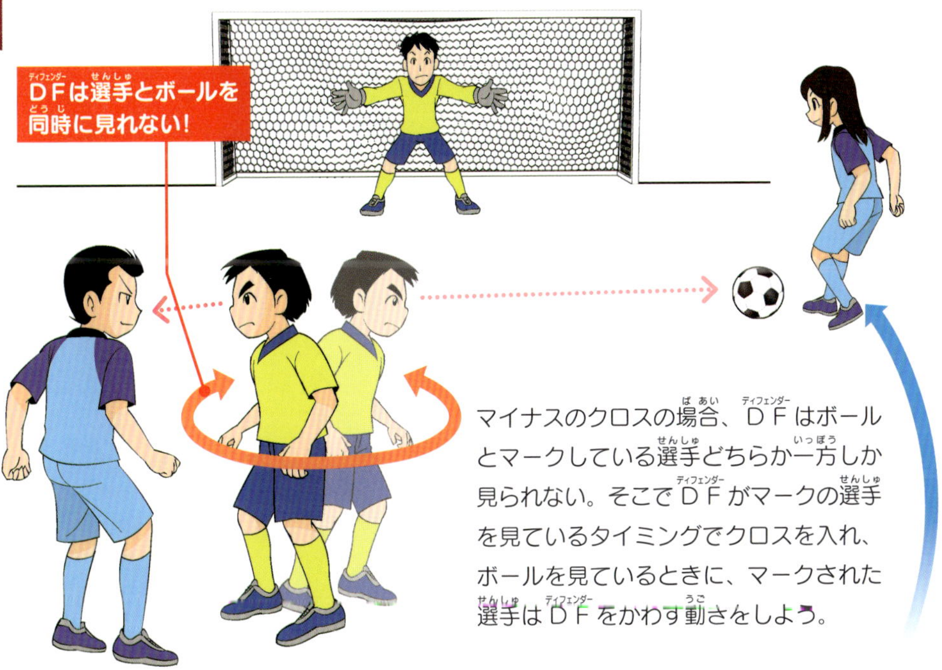
DF《ディフェンダー》は選手《せんしゅ》とボールを
同時《どうじ》に見《み》れない！

マイナスのクロスの場合《ばあい》、ＤＦ《ディフェンダー》はボールとマークしている選手《せんしゅ》どちらか一方《いっぽう》しか見られない。そこでＤＦ《ディフェンダー》がマークの選手《せんしゅ》を見ているタイミングでクロスを入れ、ボールを見ているときに、マークされた選手《せんしゅ》はＤＦ《ディフェンダー》をかわす動《うご》きをしよう。

●ななめ後《うし》ろからのクロスは対応《たいおう》されやすい

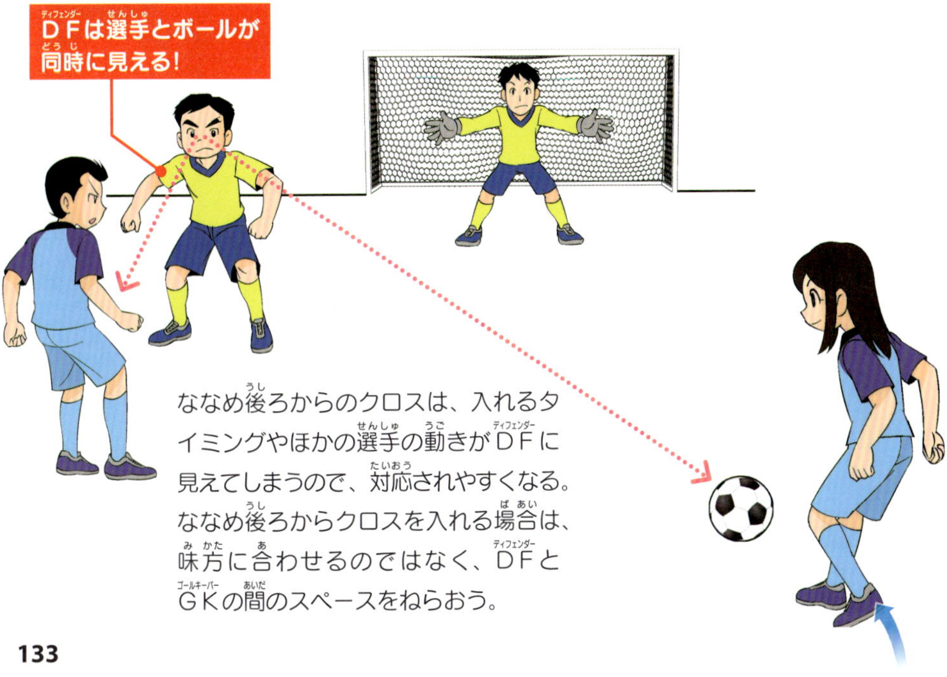
DF《ディフェンダー》は選手《せんしゅ》とボールが
同時《どうじ》に見える！

ななめ後《うし》ろからのクロスは、入れるタイミングやほかの選手《せんしゅ》の動《うご》きがＤＦ《ディフェンダー》に見えてしまうので、対応《たいおう》されやすくなる。ななめ後《うし》ろからクロスを入れる場合《ばあい》は、味方《みかた》に合《あ》わせるのではなく、ＤＦ《ディフェンダー》とＧＫ《ゴールキーパー》の間《あいだ》のスペースをねらおう。

プロサッカー選手“少年時代”の練習法④

まわりを観察《かんさつ》してインターセプト！

小学校低学年《しょうがっこうていがくねん》のころは、試《し》合《あい》でボールのあるところに選《せん》手《しゅ》が集《あつ》まることが多《おお》いですよね。僕《ぼく》はそれを後《うし》ろから見ていて、**こぼれてきたボールを拾《ひろ》ってシュートまで持《も》ちこむ**プレーが得意《とくい》でした。

高学年《こうがくねん》になると、ある程度《ていど》パスをつないで攻撃《こうげき》するようになります。僕《ぼく》はなるべく広《ひろ》い視野《しや》でパス回《まわ》しを観察《かんさつ》して、**パスが出《で》てくる場所《ばしょ》を予測《よそく》してインターセプト（相手《あいて》のパスをうばうこと）**をねらっていました。

インターセプトのコツの1つ目は、**自分のマークする相《あい》手《て》に近づき過《す》ぎない**ことです。あえて少し距離《きょり》を取《と》ることで、相手《あいて》にパスを出させるんです。

そして2つ目のコツは、**パスを出す相手《あいて》の目線《めせん》**です。その選手《せんしゅ》が顔《かお》を下げてボールを見た瞬間《しゅんかん》にパスコースに走れば、パスをうばいやすくなります。この2つのコツを試合《しあい》や練習《れんしゅう》で心《こころ》がけていました。

インターセプトの次は**ボールをうばったらどんなプレーをしようか事前《じぜん》に考《かんが》える**ようにしました。そうやってつねに先《さき》のことを考《かんが》えてプレーするようになると、サッカーはさらに面白《おもしろ》くなると思《おも》います。

1本のパスで試合《しあい》を決《き》めるチームの大黒柱《だいこくばしら》

青山敏弘《あおやまとしひろ》

（サンフレッチェ広島《ひろしま》／MF《ミッドフィルダー》）

パート

5

ディフェンス編《へん》

個人《こじん》の守《まも》りとチームディフェンス！

パート5のポイント

ディフェンスの基本《きほん》は、1対《たい》1の場面《ばめん》で相手《あいて》に負《ま》けない守備《しゅび》をすること。さらに、仲間《なかま》と協力《きょうりょく》してボールをうばったり、相手の攻撃《こうげき》を遅《おく》らせたりするなど、自分ひとりの動《うご》きだけでなく、チームで守《まも》る方法《ほうほう》も覚《おぼ》えよう！

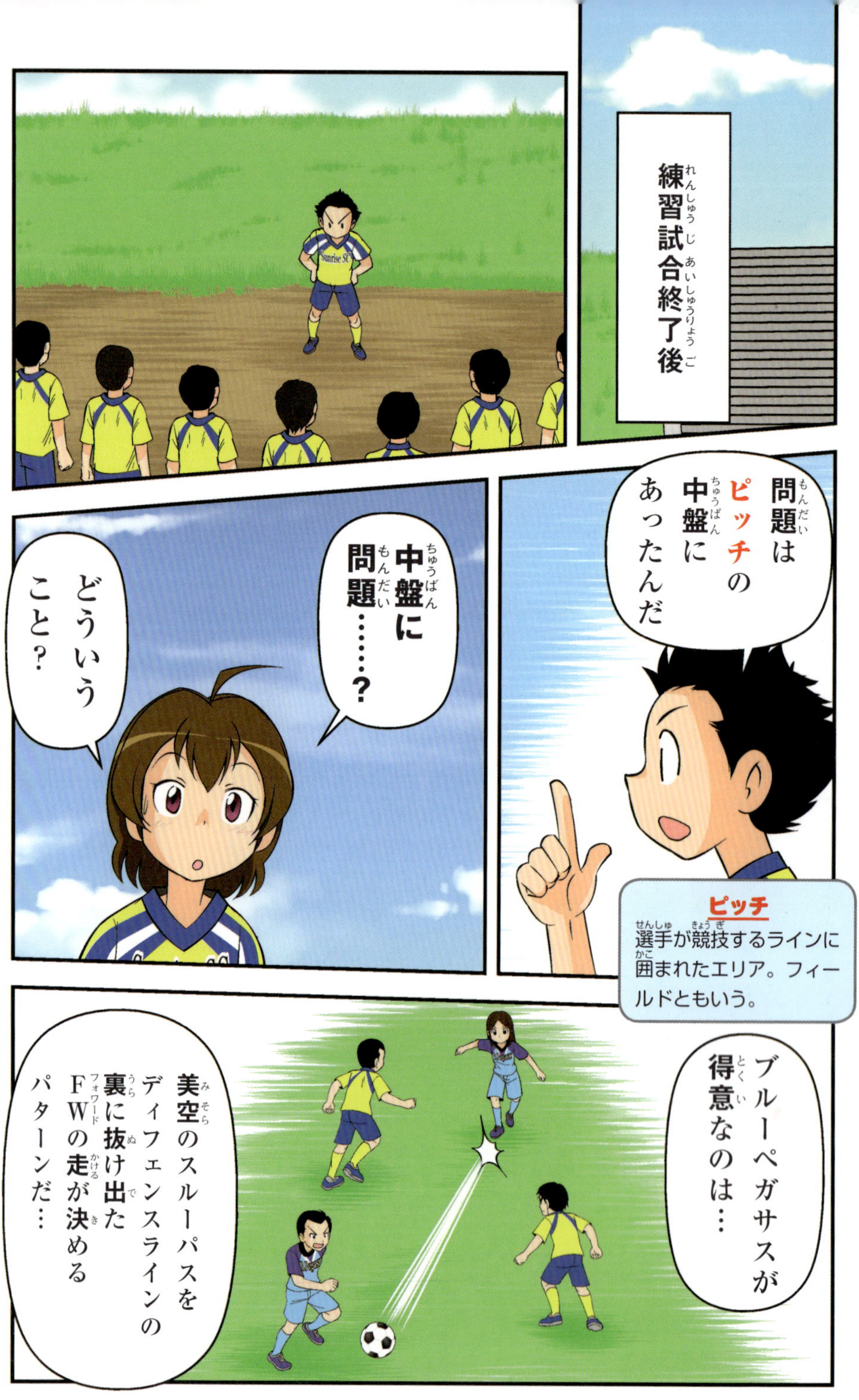
練習《れんしゅう》試《じ》合《あい》終了《しゅうりょう》後《ご》
問題《もんだい》はピッチの中盤《ちゅうばん》にあったんだ
中盤《ちゅうばん》に問題《もんだい》……？
どういうこと？
ピッチ
選手《せんしゅ》が競技《きょうぎ》するラインに囲《かこ》まれたエリア。フィールドともいう。
ブルーペガサスが得意《とくい》なのは…
美空《みそら》のスルーパスをディフェンスラインの裏《うら》に抜《ぬ》け出《で》たＦＷ《フォワード》の走《かける》が決《き》めるパターンだ…

こういうふうに攻撃《こうげき》をされたらDF《ディフェンダー》はどうする？
そりゃディフェンスラインを下《さ》げるしかなくなるよ
スルーパスを出《だ》されたらDF《ディフェンダー》全員《ぜんいん》で止《と》めにいかないといけないもんな
だよな…でもそれがまちがいだったんだ
ええっ！

スキルアップ! DF《ディフェンス》ラインを下《さ》げると…

193ページへ

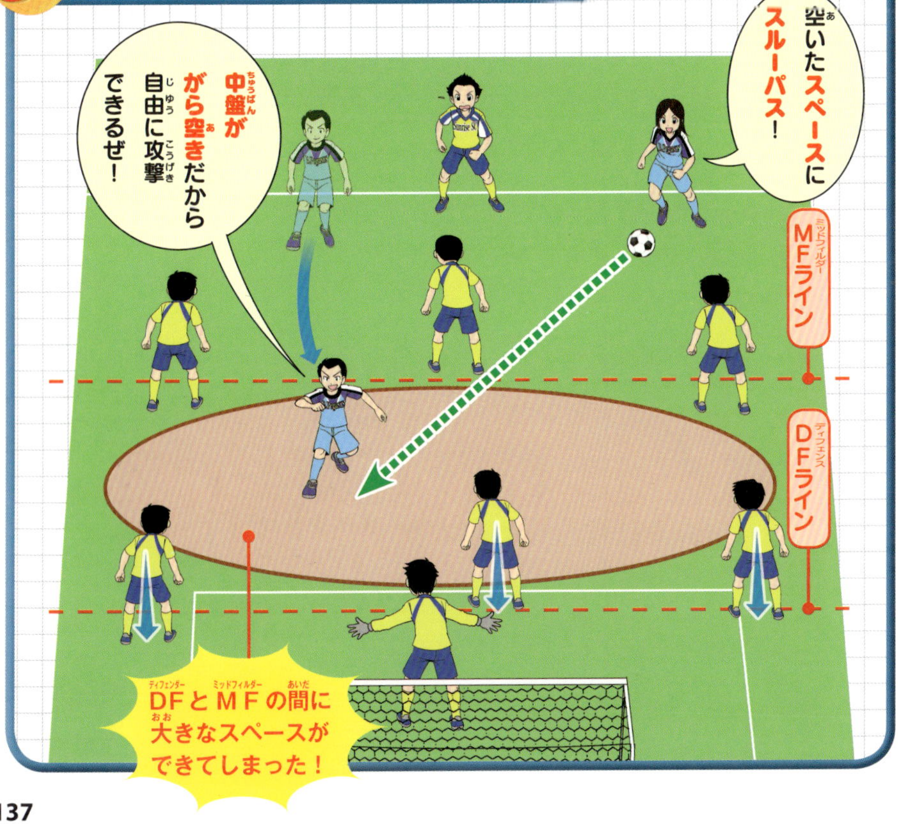
空《あ》いたスペースにスルーパス！
中盤《ちゅうばん》ががら空《あ》きだから自由《じゆう》に攻撃《こうげき》できるぜ！
MF《ミッドフィルダー》ライン
DF《ディフェンス》ライン
DF《ディフェンダー》とMF《ミッドフィルダー》の間《あいだ》に大《おお》きなスペースができてしまった！

そうか！
それで ピッチの中央《ちゅうおう》に スペースができて 美空《みそら》さんが自由《じゆう》に プレーできて いたのね！
そう だからかんたんに スルーパスを 出《だ》されちゃって たんだ！
じゃあ ディフェンスラインを 上《あ》げればいいって ことか？
うん そうすれば 美空《みそら》の動《うご》きを 止《と》めることができて スルーパスだって なくなるはずだ！
なるほど スルーパスを 打《う》たれないように するのが重要《じゅうよう》 なんだな
よしわかった もう美空《みそら》を自由《じゆう》に させないぜ！
Sunrise SC

オレは反対《はんたい》だ
ええっ! 勇太《ゆうた》 なんでだよ?
ディフェンスラインを上《あ》げたら万一《まんいち》裏《うら》を取《と》られたとき相手《あいて》の前《まえ》にいるのはGK《ゴールキーパー》だけ……
これでは失点《しってん》はさけられない
裏《うら》を取《と》る
DF《ディフェンダー》の後《うし》ろに入《はい》ること。フリーでシュートを打《う》てる確率《かくりつ》が高《たか》くなる。
う… たしかに…
でっ でもよ いまのままじゃ…
颯太《そうた》…
監督《かんとく》は あのとき いったよな…
ひとりで わからなかったら みんなで考《かんが》えて もいいぞ!

え
そんなこと
いったっけ？
ズシャ
いったよ！
いつだって
おまえはそうやって
ひとりで
決《き》めちまう…
それは
颯《そう》太《た》がオレたちを
信《しん》じてないって
ことだろ？
オレは
仲《なか》間《ま》を信《しん》じてない
ヤツとはいっしょに
プレーしたくない！
お…勇《ゆう》太《た》
ちがうって！
聞《き》いてなかったん
だよ～
スタ
スタ
ま
日《ひ》ごろの
おこないだな

3日《か》後《ご》——
おい… あれ 颯太《そうた》じゃないか？
もう3日《か》も 経《た》ってるのに かなり 落《お》ち込《こ》んでるなあ
オレは… キャプテン なのに
チームを まとめるどころか 雰囲気《ふんいき》を 悪《わる》くしちまって…
ズーーン

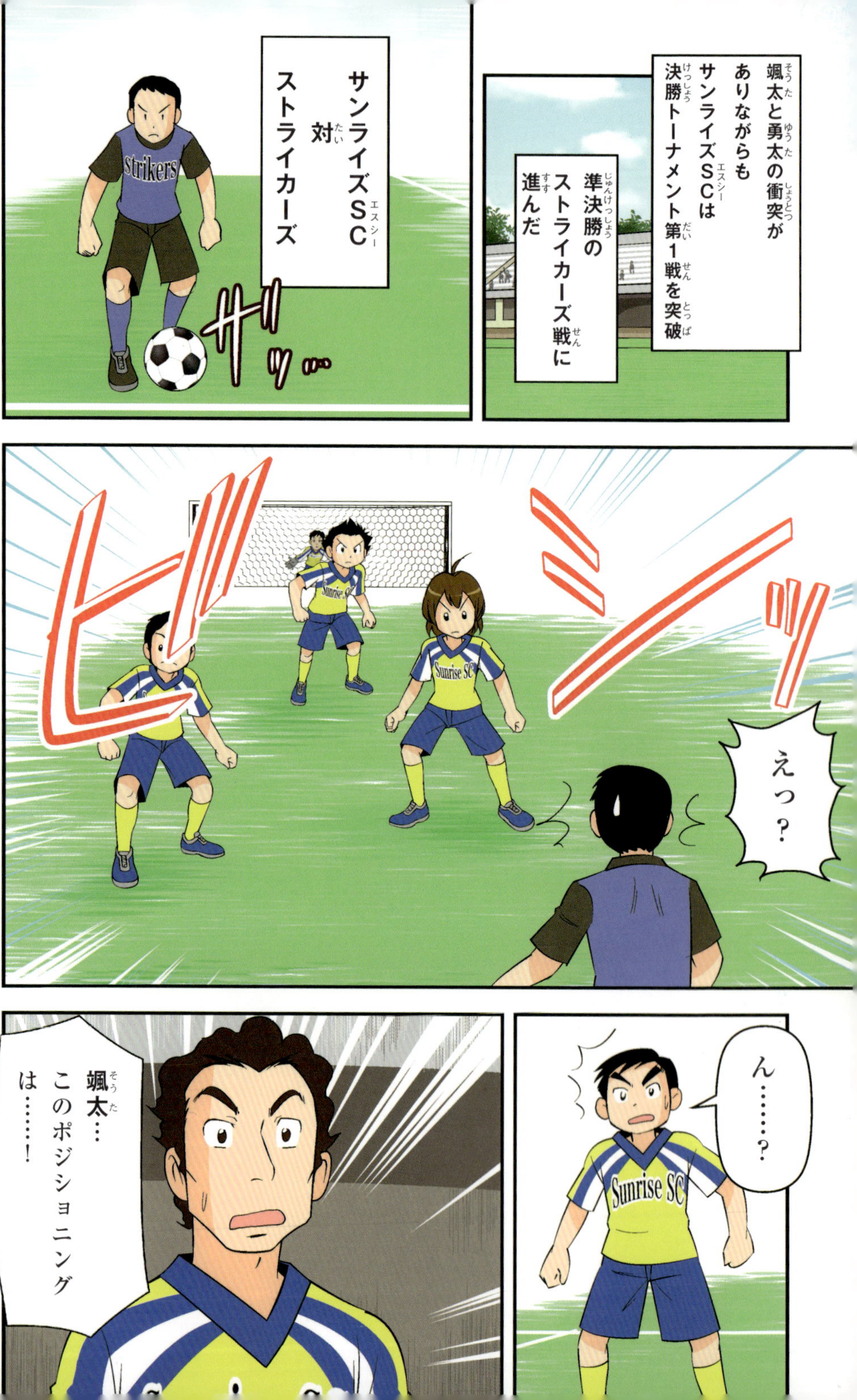
颯太《そうた》と勇太《ゆうた》の衝突《しょうとつ》が
ありながらも
サンライズSC《エスシー》は
決勝《けっしょう》トーナメント第《だい》1戦《せん》を突破《とっぱ》
準決勝《じゅんけっしょう》の
ストライカーズ戦《せん》に
進《すす》んだ
サンライズSC《エスシー》
対《たい》
ストライカーズ
strikers
ザッ
ビシッ
Sunrise SC
えっ？
ん……？
Sunrise SC
颯太《そうた》…
このポジショニング
は……！

スキルアップ!

DF《ディフェンダー》の構《かま》えとカバーの基本《きほん》

▶▶158ページへ

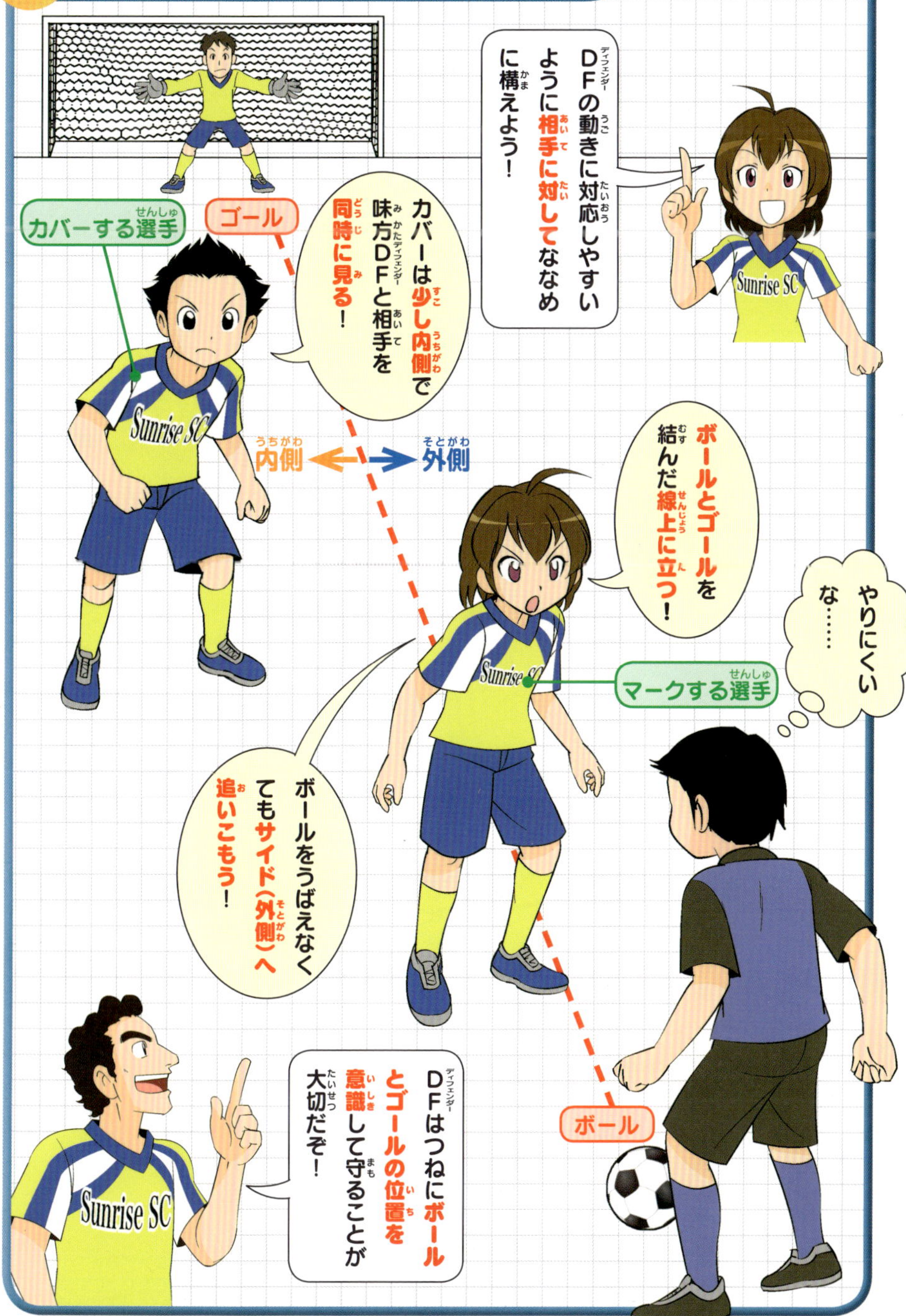
DF《ディフェンダー》の動《うご》きに対応《たいおう》しやすいように相手《あいて》に対《たい》してななめに構《かま》えよう!
カバーする選手《せんしゅ》
ゴール
カバーは少《すこ》し内側《うちがわ》で味方《みかた》DF《ディフェンダー》と相手《あいて》を同時《どうじ》に見《み》る!
内側《うちがわ》
外側《そとがわ》
ボールとゴールを結《むす》んだ線上《せんじょう》に立つ!
やりにくいな……
マークする選手《せんしゅ》
ボールをうばえなくてもサイド(外側《そとがわ》)へ追《お》いこもう!
DF《ディフェンダー》はつねにボールとゴールの位置《いち》を意識《いしき》して守《まも》ることが大切《たいせつ》だぞ!
ボール

ビシッ
う……っ
こ
これは！
しかたない
ここは
ドリブルでいくか
ダダダ
いかせないわ！
ガッ
よし！
渚《なぎさ》
うまいぞ！

ス…
!
ダッ
シュバッ
ダッ！
あっ！
フェイント!? やられた！

渚《なぎさ》が抜《ぬ》かれても
オレがいるぜ!

スキルアップ!

カバーリングの役割《やくわり》

159ページへ

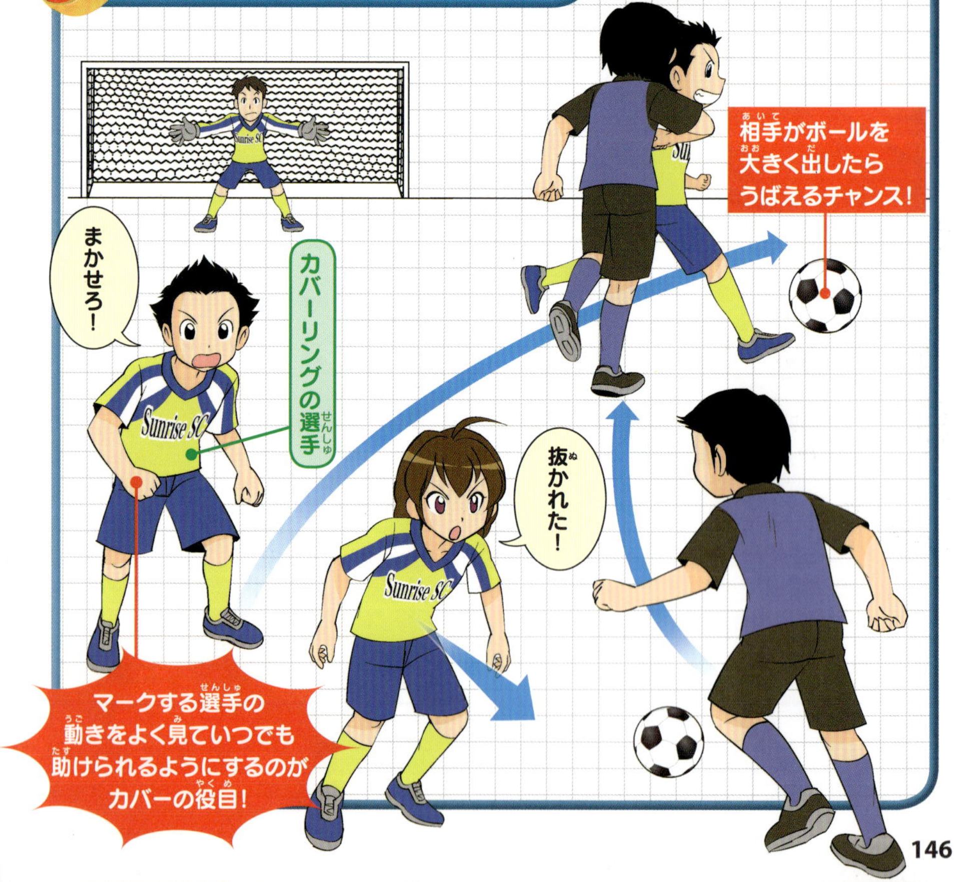
相手《あいて》がボールを
大《おお》きく出《だ》したら
うばえるチャンス!
まかせろ!
カバーリングの選手《せんしゅ》
抜《ぬ》かれた!
マークする選手《せんしゅ》の
動《うご》きをよく見《み》ていつでも
助《たす》けられるようにするのが
カバーの役目《やくめ》!

颯太《そうた》のやつカバーリングまでできるようになっていたか！
あんなに落《お》ち込《こ》んでいたのにしっかり研究《けんきゅう》してきたようだな
いくぜえええええーー！
ドドドドド
やばい！みんな戻《もど》れ！
ビシッ

ズバッ!
よっしゃ!
ナイッシュー!!
ザッ…
勇太《ゆうた》…オレ
キャプテンとして
まだまだだけど…
やっぱりみんなで
勝《か》ちたいんだ!
いっしょに
がんばろうぜ!

颯太《そうた》！
えっ？
この調子《ちょうし》で…決勝《けっしょう》も勝《か》とうぜ！
スッ
勇太《ゆうた》…

おお！もちろんだぜ！
ガシッ
絶対《ぜったい》優勝《ゆうしょう》しような！
Sunrise SC

ワァー
サンライズSC《エスシー》
1対《たい》0
ストライカーズ
決勝戦《けっしょうせん》は
サンライズSC《エスシー》
対《たい》
ブルーペガサスFC《エフシー》
に決《き》まった

颯《そう》ちゃん…きっと今日《きょう》もひとりで練習《れんしゅう》してるよね
ウフ♥
この大会《たいかい》では2回《かい》も颯《そう》ちゃんと対戦《たいせん》できて幸《しあわ》せ♥
いた！って…あれ…？あのおじさんは？
準決勝《じゅんけっしょう》での守備《しゅび》はなかなかよかったじゃないか
いったい颯《そう》ちゃんになにが…
わたし颯《そう》ちゃんのことはなんでも知《し》りたいのよね！
シュバッ！

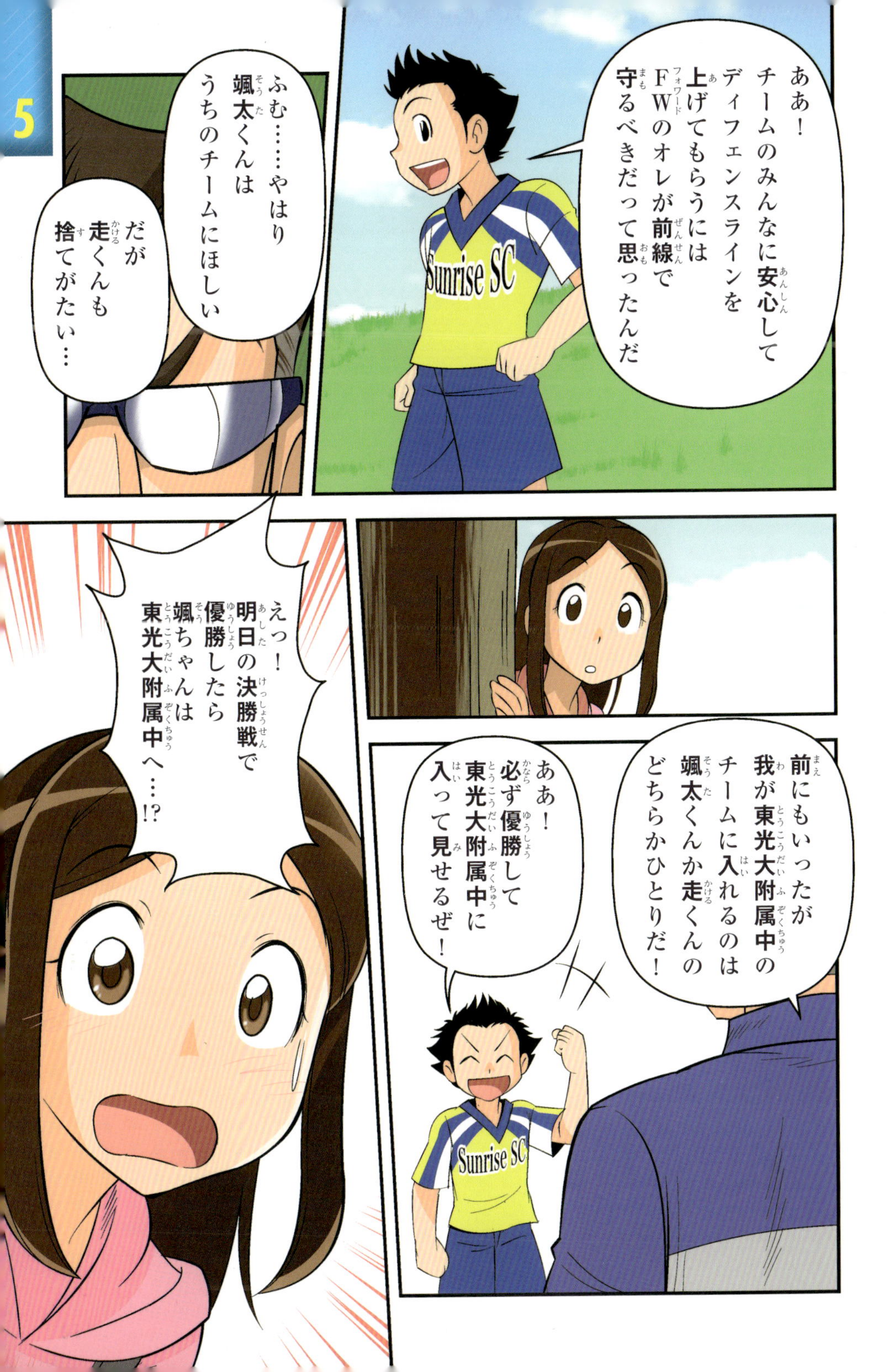
ああ！
チームのみんなに安心《あんしん》して
ディフェンスラインを
上《あ》げてもらうには
FW《フォワード》のオレが前線《ぜんせん》で
守《まも》るべきだって思《おも》ったんだ
ふむ……やはり
颯太《そうた》くんは
うちのチームにほしい
だが
走《かける》くんも
捨《す》てがたい…
前《まえ》にもいったが
我《わ》が東光大附属中《とうこうだいふぞくちゅう》の
チームに入《はい》れるのは
颯太《そうた》くんか走《かける》くんの
どちらかひとりだ！
ああ！
必《かなら》ず優勝《ゆうしょう》して
東光大附属中《とうこうだいふぞくちゅう》に
入《はい》って見《み》せるぜ！
えっ！
明日《あした》の決勝戦《けっしょうせん》で
優勝《ゆうしょう》したら
颯《そう》ちゃんは
東光大附属中《とうこうだいふぞくちゅう》へ…
!?

ディフェンスの構《かま》えと位置《いち》！

守備《しゅび》にはさまざまな決《き》まりごとがある。相手《あいて》に対《たい》する構《かま》え方や相《あい》手《て》との距離《きょり》など、状況《じょうきょう》によって構《かま》える位置《いち》も変《か》えていこう。

◆相手《あいて》に対《たい》してななめに構《かま》える

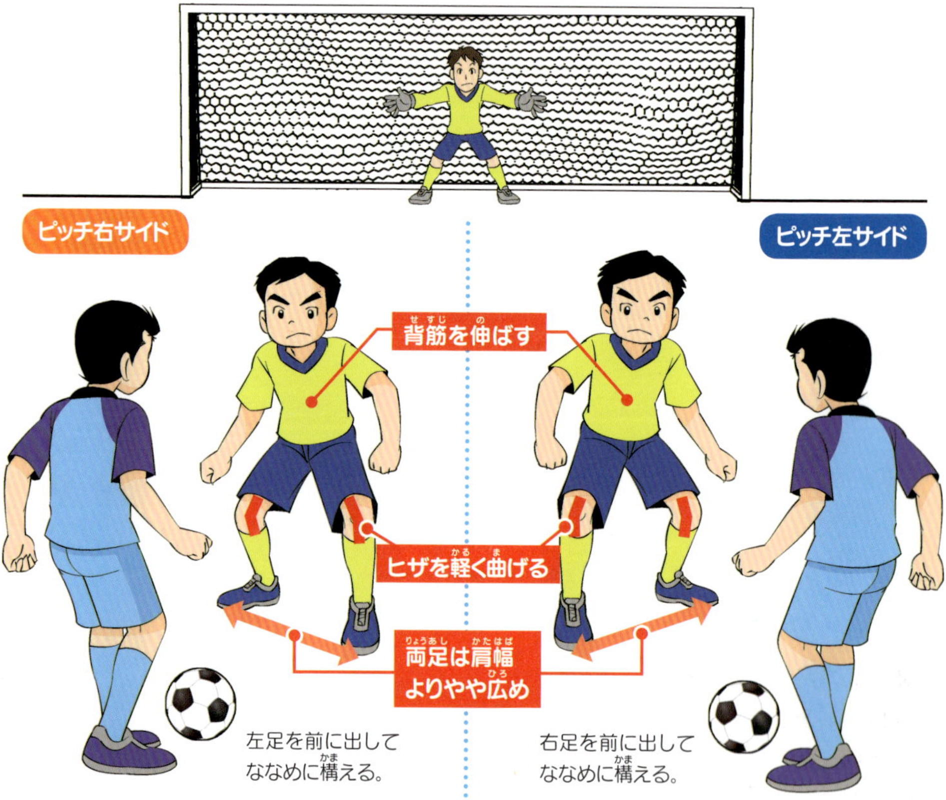
ピッチ右サイド
ピッチ左サイド
背筋《せすじ》を伸《の》ばす
ヒザを軽《かる》く曲《ま》げる
両足《りょうあし》は肩幅《かたはば》よりやや広《ひろ》め
左足を前に出してななめに構《かま》える。
右足を前に出してななめに構《かま》える。

うまくなるコツ　相手《あいて》をサイドに追《お》いこんでいこう！

ディフェンダーは、シュートを打たれないように、ボールとゴールを結《むす》んだ線《せん》の上に立つ。相手《あいて》がボールを持《も》っていなくてもそのポジションを意識《いしき》しよう。また、ボールを持《も》っている相手《あいて》を外に追《お》いこむことを第一《だいいち》に考《かんが》え、サイド方向《ほうこう》を向《む》いてななめに構《かま》えるといいぞ。

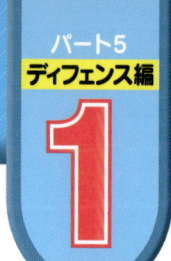

◆相手《あいて》を後《うし》ろから見るときの構《かま》え

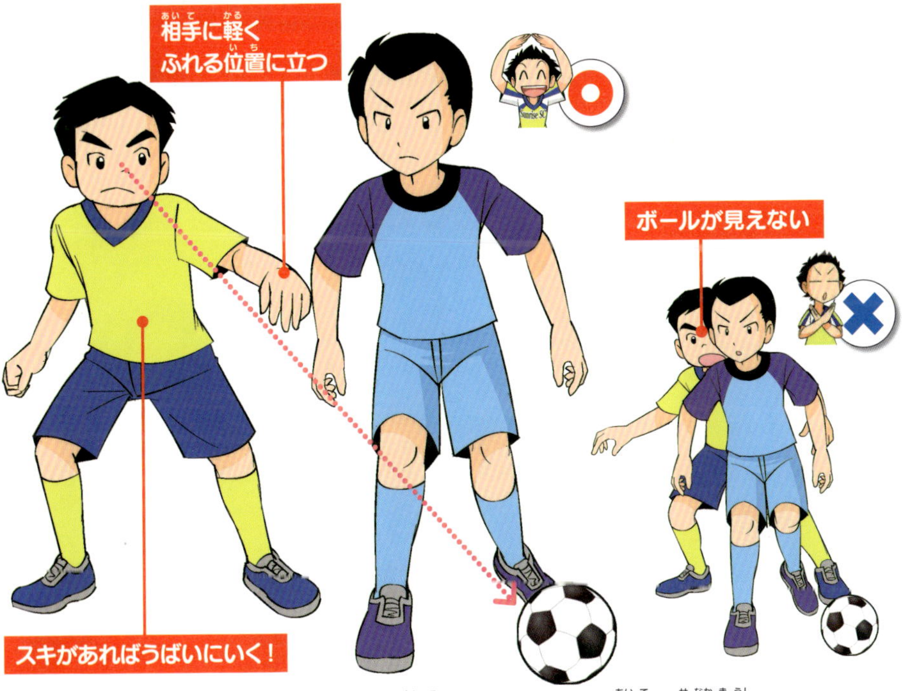
相手《あいて》に軽《かる》く
ふれる位置《いち》に立つ
Sunrise SC
ボールが見えない
スキがあればうばいにいく！

ヒザを曲《ま》げて腰《こし》を落《お》とし、相手《あいて》のななめ後《うし》ろからボールを見る。

相手《あいて》の背中《せなか》真《ま》後《うし》ろにべったりつくと、相手《あいて》がターンしやすい。

●足を伸《の》ばせばボールに届《とど》く位置《いち》に立とう

ボールを持《も》っている相手《あいて》との距《きょ》離《り》は、足を伸《の》ばせばボールに届《とど》く位置《いち》ぐらいがいい。これ以上《いじょう》はなれると相手《あいて》に余裕《よゆう》ができてしまい、逆《ぎゃく》に近すぎるとかわされたときに追《お》いつけなくなるので注意《ちゅうい》しよう。

近すぎず遠《とお》すぎない位置《いち》（足を伸《の》ばしてツマ先《さき》でボールをつつける距離《きょり》）に立つ。

パート5
ディフェンス編
2

ボールのうばい方！

ボールのうばい方には、相手《あいて》とボールの間《あいだ》に体を入れてうばう方《ほう》法《ほう》や、パスをカットする（インターセプト）方法《ほうほう》などがあるぞ。

◆すばやく体を入れてボールをうばう

1 相手《あいて》との１対《たい》１。相手《あいて》がボールを自分の右側《みぎがわ》に出してきた。

ななめに立って構《かま》える

2 すばやく右に体を向《む》けてダッシュする。

走りながらボールから目をはなさない！

うまくなるコツ

下半身《かはんしん》に注目《ちゅうもく》！

相手《あいて》が進《すす》む方向《ほうこう》を見きわめるには、ボールだけ見てもいけない。ボールを中心《ちゅうしん》に下半身全体《かはんしんぜんたい》を見ることで、方向《ほうこう》がわかるようになる。１対《たい》１の練習《れんしゅう》などをくり返《かえ》して、経験《けいけん》を積《つ》んでいこう。

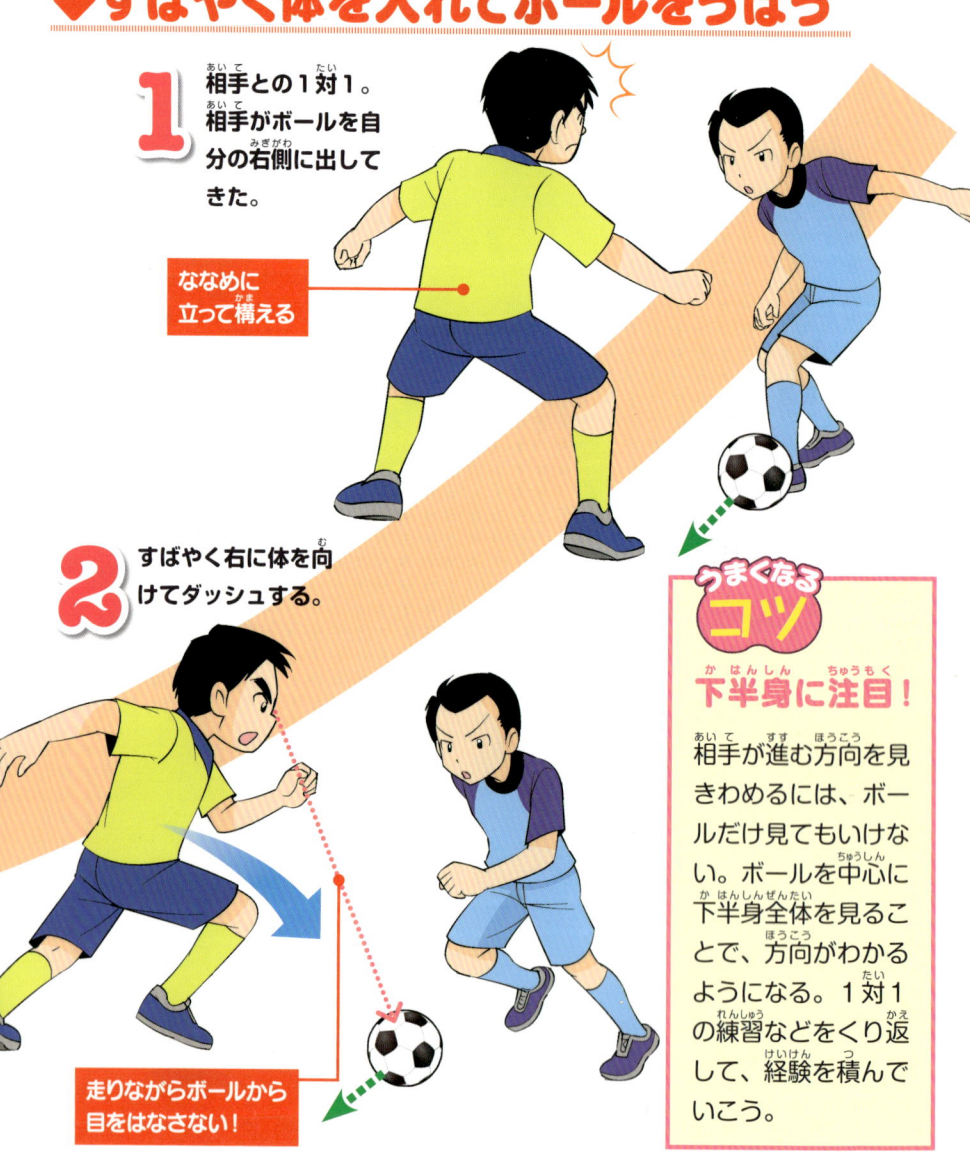

◆相手《あいて》への縦《たて》パスをうばう

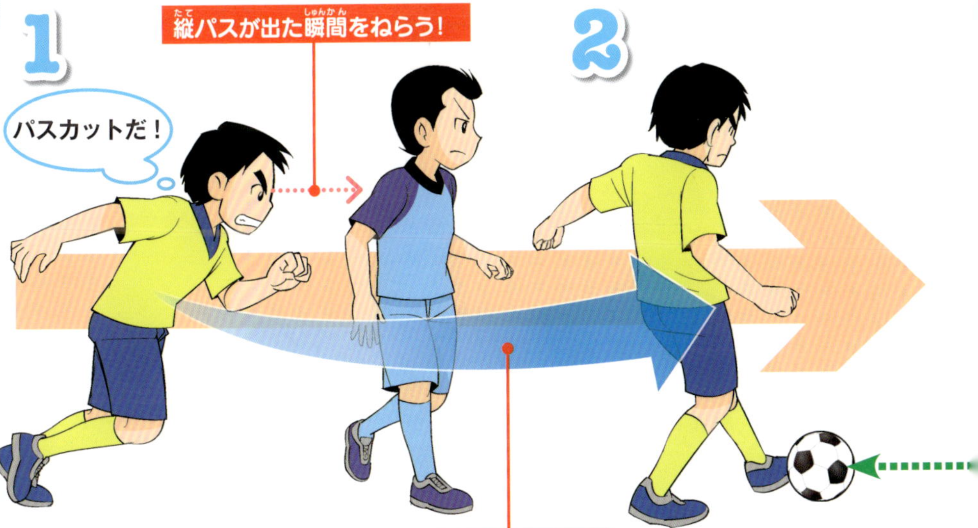
1
縦《たて》パスが出た瞬間《しゅんかん》をねらう!
パスカットだ！
2

相手《あいて》の縦《たて》パスに対《たい》して、後《うし》ろから走り出す。

相手《あいて》に当たらないように横切《よこぎ》る!

すばやく相手《あいて》の前に出てパスをうばう。

●ボールをつついてもOK

相手《あいて》にスキがあったら、ボールをつついて転《ころ》がったところをうばってもOKだ。ただし、つついたらすばやくボールに向《む》かわないと、またキープされてしまうぞ。

ボールに近い足を伸《の》ばしてつつく！

3 ボールと相手《あいて》の間《あいだ》に体を入れてボールをうばう。

ジャンプヘッドではね返《かえ》す！

GK《ゴールキーパー》からのキックやロングボールなど、ジャンプヘッドが必要《ひつよう》な場面《ばめん》は多い。額《ひたい》に当ててしっかりボールをはね返《かえ》そう。

◆ジャンプの最高地点《さいこうちてん》で額《ひたい》に当ててはね返《かえ》す

ジャンプの最《もっと》も高い位置《いち》でヘディングする
みけんと髪《かみ》の生《は》えぎわの間《あいだ》に当てる。
勢《いきお》いをつけるため両腕《りょううで》を前に出す
グッ！

3
反《そ》った体を前に倒《たお》しながらミートする。

2
ジャンプしながら体を反《そ》って勢《いきお》いをつける。

1
ボールに向《む》かって片足《かたあし》で強《つよ》く踏《ふ》み切る。

レベルアップ練習《れんしゅう》法《ほう》

両手《りょうて》を後《うし》ろで組《く》んでジャンプヘッド

体を反《そ》ってもどす動《うご》きを覚《おぼ》えるために、両手《りょうて》を後《うし》ろで組《く》んでジャンプヘッドの練習《れんしゅう》を行《おこな》う。体の動《うご》きを意識《いしき》しつつ、正確《せいかく》に額《ひたい》でミートすることを心《こころ》がけよう。

両手《りょうて》を後《うし》ろで組《く》むと、体を反《そ》る動《うご》きを意識《いしき》しやすい。

●競《せ》り合《あ》いはななめ後《うし》ろから助走《じょそう》

相手《あいて》ＦＷ《フォワード》などとの競《せ》り合《あ》いのときは、真後《まうし》ろからではなく、一度《いちど》ななめ後《うし》ろに移動《いどう》して、相手《あいて》の横《よこ》から割《わ》りこむようなイメージでジャンプヘッドすると成功《せいこう》しやすい。

1 相手《あいて》のななめ後《うし》ろから走り出す。

2 横《よこ》から割《わ》りこむ感《かん》じでジャンプヘッドする。

4 しっかり前に体を倒《たお》しつつ、着《ちゃく》地体勢《ちたいせい》に入る。

パート5
ディフェンス編
4

カバーリングのディフェンス！

ディフェンスでは、仲間《なかま》と協力《きょうりょく》したほうがボールをうばいやすい。すばやくカバーに入って、2人でボールをうばおう！

◆味方《みかた》のやや内側《うちがわ》に立ってカバーする

ディフェンスではボールをサイド(外側《そとがわ》)方向《ほうこう》に追《お》いこむことが大切《たいせつ》。だからカバーをする選手《せんしゅ》は味方《みかた》のやや内側《うちがわ》に立って、相《あい》手《て》に中にドリブルさせないようにしよう。

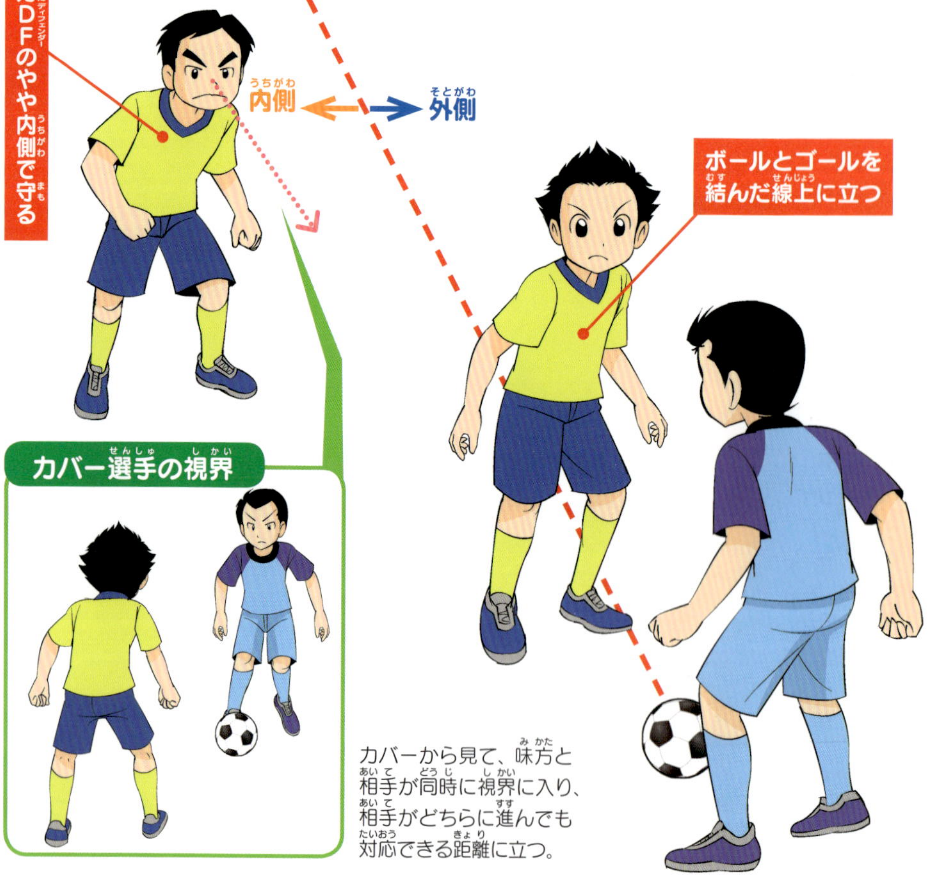

味方《みかた》DF《ディフェンダー》のやや内側《うちがわ》で守《まも》る
内側《うちがわ》
外側《そとがわ》
ボールとゴールを結《むす》んだ線上《せんじょう》に立つ
カバー選手《せんしゅ》の視界《しかい》
カバーから見て、味方《みかた》と相手《あいて》が同時《どうじ》に視界《しかい》に入り、相手《あいて》がどちらに進《すす》んでも対応《たいおう》できる距離《きょり》に立つ。

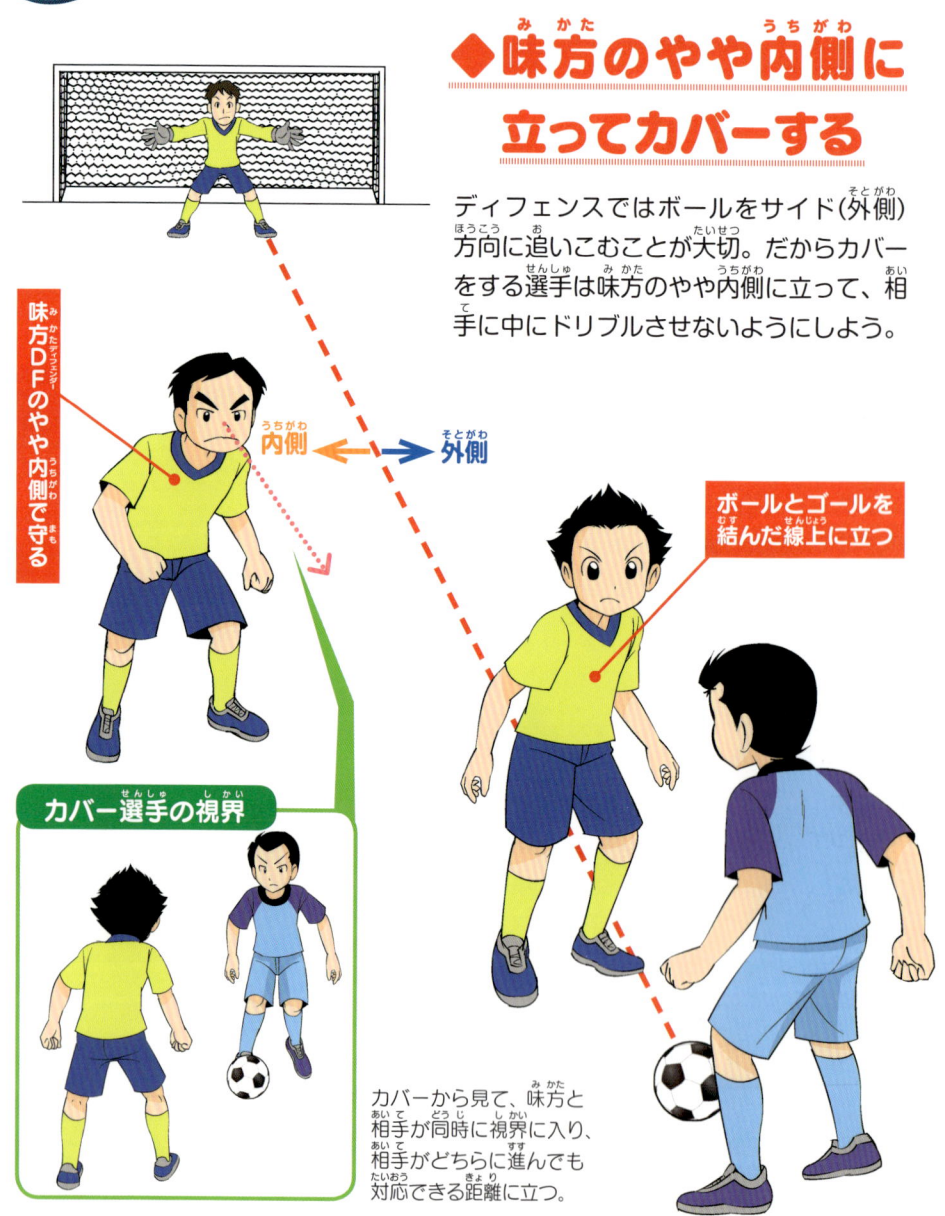

◆カバーの選手《せんしゅ》が指示《しじ》を出す

1 選手《せんしゅ》Aが、「後《うし》ろにいるぞ」「中を切れ（中のコースをふさげ）」「当たれ」などの指示《しじ》を選手《せんしゅ》Bに出す。

2 相手《あいて》がボールを大きく出したら、選手《せんしゅ》Aがすばやくつめてボールをうばう。

うまくなるコツ　２対《たい》２でも味方《みかた》と並《なら》ばない

２対《たい》２の状況《じょうきょう》でも味方《みかた》ＤＦ《ディフェンダー》と横《よこ》には並《なら》ばず、必《かなら》ずななめ後《うし》ろにポジションを取《と》ることが大切《たいせつ》だ。

カバーのＤＦ《ディフェンダー》は、ななめ後《うし》ろに立って、間《あいだ》にスルーパスを出されないようにする。

パート5
ディフェンス編
5

オフサイドトラップに挑戦《ちょうせん》！

タイミングよくDF《ディフェンス》ラインを一気《いっき》に上げ、オフサイドのファウルを取《と》るハイレベルな戦術《せんじゅつ》「オフサイドトラップ」を覚《おぼ》えよう！

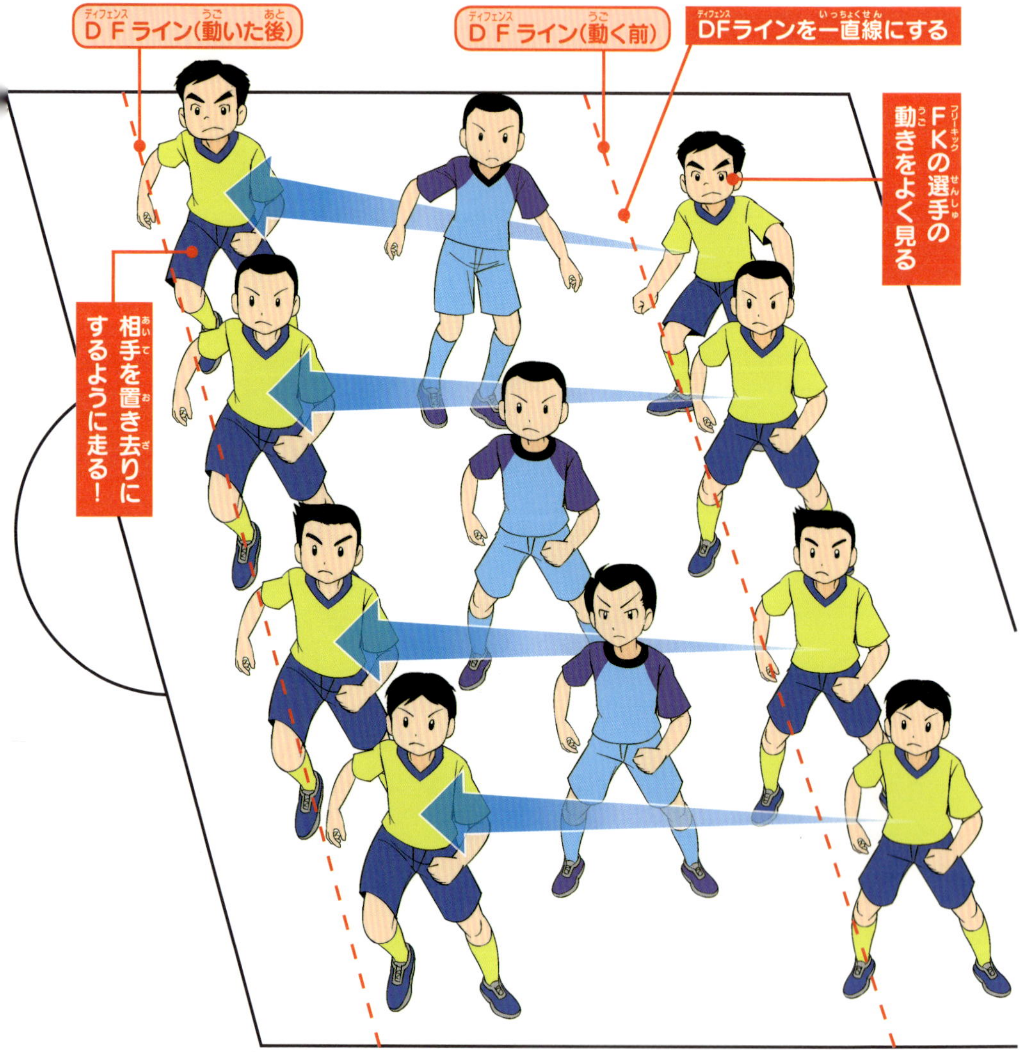

DF《ディフェンス》ライン(動《うご》いた後《あと》)
DF《ディフェンス》ライン(動《うご》く前)
DF《ディフェンス》ラインを一直線《いっちょくせん》にする
FK《フリーキック》の選手《せんしゅ》の動《うご》きをよく見る
相手《あいて》を置《お》き去《ざ》りにするように走る！

1 左からのフリーキックのシーン。DF《ディフェンダー》4人で一列《いちれつ》に並《なら》ぶ。

2 相手《あいて》のキッカーが蹴《け》る直前《ちょくぜん》にいっせいにDF《ディフェンス》ラインを上げるために走る。

うまくなるコツ DF《ディフェンス》ラインを動《うご》かすのは逆《ぎゃく》サイドのDF《ディフェンダー》

左サイドにボールがある場合《ばあい》、ＤＦ《ディフェンス》ラインの上げ下げは、右サイドの選《せん》手《しゅ》が行《おこな》う（センターバックのチームもある）。このように、ＤＦ《ディフェンス》ラインに並《なら》ぶすべての味方《みかた》が視界《しかい》に入る逆《ぎゃく》サイドから合図《あいず》を出すといいぞ。

ボールの位置《いち》でＤＦ《ディフェンス》ラインをコントロールする選手《せんしゅ》を決《き》める。

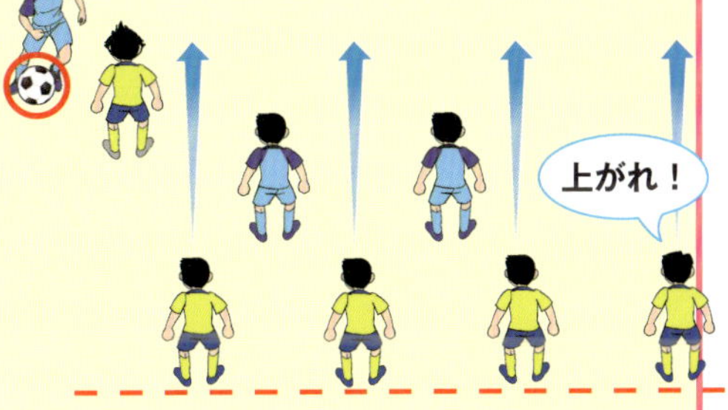

●オフサイドにならないとき

オフサイドのラインを越《こ》えた位置《いち》でボールを受《う》けても、オフサイドにならないときがある。スローインやゴールキックなどだ。

スローイン

ゴールキック

◆DF《ディフェンス》ラインを上げてオフサイドを取《と》る

相手《あいて》が前を向《む》いている状況《じょうきょう》なら、ＤＦ《ディフェンス》ラインを下げるのが基本《きほん》。そして相手《あいて》が蹴《け》る直《ちょく》前《ぜん》にＤＦ《ディフェンス》ラインを上げればオフサイドを取《と》れるはずだ。どんなときに、どうＤＦ《ディフェンス》ラインを上げるか前もって確認《かくにん》しておこう。

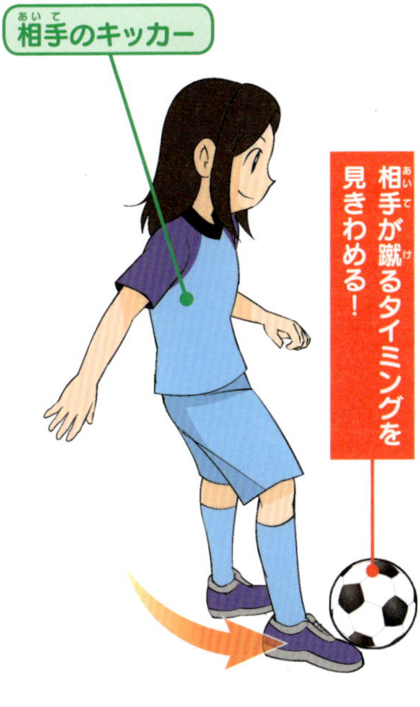

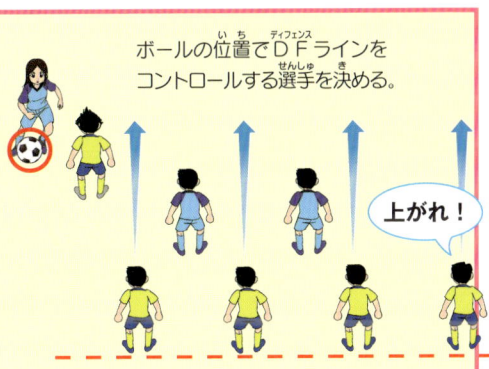

GK《ゴールキーパー》のキャッチング！

GK《ゴールキーパー》の一番《いちばん》の仕事《しごと》は相手《あいて》のシュートを止めること。ひとつのミスが失点《しってん》につながるので、キャッチングの基本《きほん》をしっかりと知ろう！

◆胸《むね》の高さのボールをキャッチする

親指《おやゆび》と人差《ひとさ》し指《ゆび》で大きな三角形《さんかくけい》をつくる感《かん》じでキャッチ。

両手《りょうて》をボールに向《む》けて出す。

ヒジを軽《かる》く曲《ま》げながら両手《りょうて》でキャッチする。

うまくなるコツ

サイドかクロスステップで横移動《よこいどう》

横《よこ》への移動《いどう》のときは、走る方向《ほうこう》に体ごと向《む》けると、逆《ぎゃく》をとられたときに対応《たいおう》できないのでボールに体を向《む》けたままサイドステップかクロスステップしよう。

◆ゴロのボールをキャッチするとき

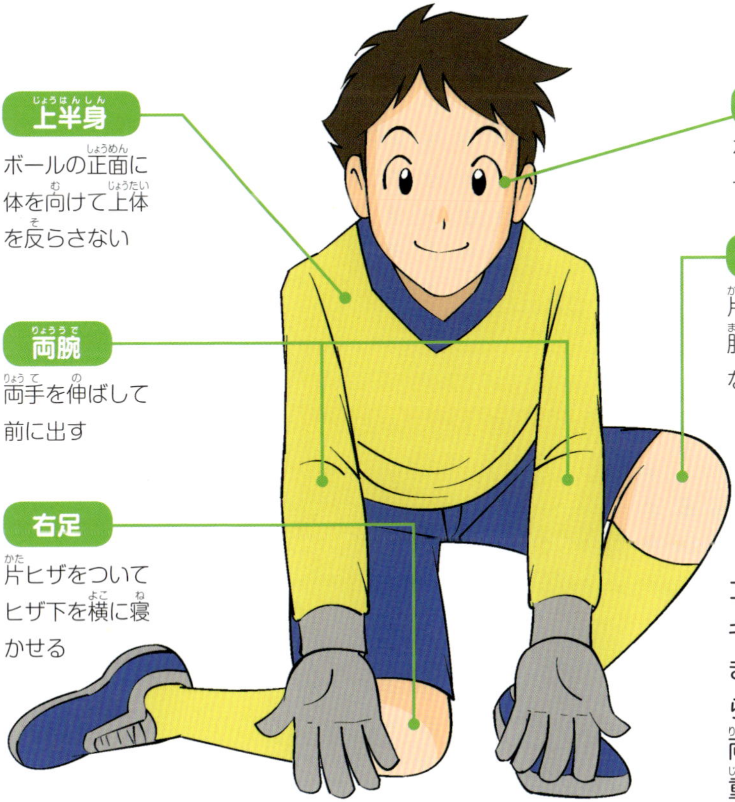
上半身《じょうはんしん》
ボールの正面《しょうめん》に体を向《む》けて上体《じょうたい》を反《そ》らさない
両腕《りょううで》
両手《りょうて》を伸《の》ばして前に出す
右足
片《かた》ヒザをついてヒザ下を横《よこ》に寝《ね》かせる
視線《しせん》
ボールから目をそらさない
左足
片《かた》ヒザは立てるが、股《また》に空間《くうかん》をつくらないよう意識《いしき》する

ゴロのボールをキャッチするときは、後《うし》ろにそらさないように両手《りょうて》と両足《りょうあし》で二《に》重《じゅう》の備《そな》えをすることが大切《たいせつ》だ。

●手を前に出してすくい上げるイメージ

ゴロをキャッチするときはできるだけ体の前に手を出しておく。ボールがきたら手でボールをすくい上げるイメージで、手と腕《うで》、胸《むね》の全部《ぜんぶ》でかかえこむように、がっちりキャッチしよう。

手を前に出すと、ボールをむかえながらすくい上げる形《かたち》でとれる。

横《よこ》のボールをキャッチング！

ＧＫ《ゴールキーパー》はシュートを横《よこ》に跳《と》んでキャッチするケースもある。ゴロのボールと空中《くうちゅう》のボール、２つの確実《かくじつ》なキャッチングを覚《おぼ》えよう！

◆横《よこ》へのゴロを跳《と》んでキャッチ

1 ややななめ前に大きく１歩《ぽ》踏《ふ》み出す。

低《ひく》い体勢《たいせい》を意識《いしき》する

2 ボール方向《ほうこう》に真《ま》っすぐに跳《と》びこむ。

◆横《よこ》への空中《くうちゅう》のボールを跳《と》んでキャッチ

体をボール方向《ほうこう》へ傾《かたむ》ける

1 力強《ちからづよ》く１歩《ぽ》を踏《ふ》みこむ。

2 片足《かたあし》でジャンプして空中《くうちゅう》でキャッチする。

●片手《かたて》で止めて、もう片方《かたほう》の手でおさえる

ゴロのボールをキャッチするときは、片手《かたて》でボールを止め、もう片方《かたほう》の手で上からボールをおさえる動《うご》きを同時《どうじ》に行《おこな》うと、確実《かくじつ》にボールを止められるぞ。

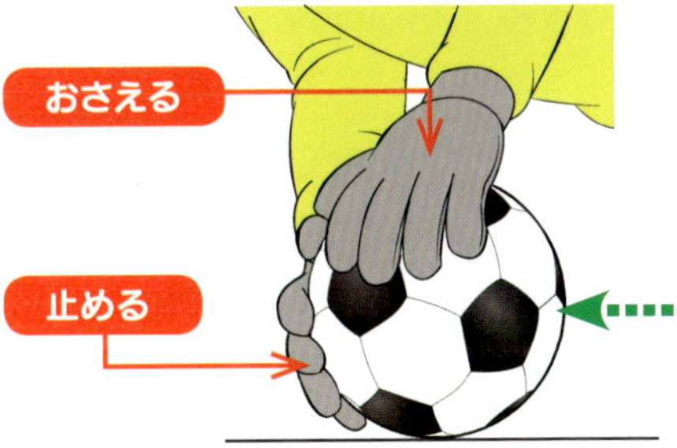
おさえる
止める

地面《じめん》と両手《りょうて》の3点でボールを止めるイメージでとる。

3 両手《りょうて》でしっかりボールをキャッチする。

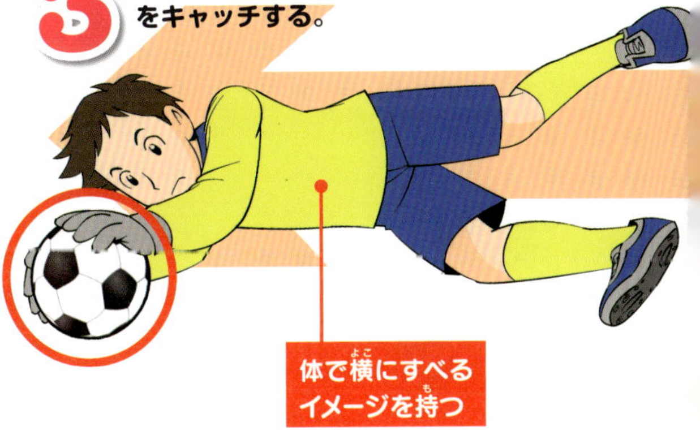
体で横《よこ》にすべるイメージを持《も》つ

うまくなるコツ

キャッチしたら必《かなら》ずホールドする

ゴロでも空中《くうちゅう》のシュートでも、横《よこ》に跳《と》んでキャッチしたらすばやく体の中心《ちゅうしん》にボールを引きよせることが大切《たいせつ》だ。両腕《りょううで》を伸《の》ばしたままでいると、ボールをこぼしてしまうことがあるので、絶対《ぜったい》にしないようにしよう。

ボールをこぼさないように体の中心《ちゅうしん》で確保《かくほ》する。

3 スネの側面《そくめん》、腕《うで》の側面《そくめん》、ボールで同時《どうじ》に地面《じめん》に着地《ちゃくち》する。

頭《あたま》を地面《じめん》に打たないように注意《ちゅうい》

GK《ゴールキーパー》とDF《ディフェンダー》で協力《きょうりょく》する!

守備《しゅび》ではＧＫ《ゴールキーパー》とＤＦ《ディフェンダー》の協力《きょうりょく》が欠《か》かせない。ゴール前にいるＧＫ《ゴールキーパー》が味方《みかた》ＤＦ《ディフェンダー》に指示《しじ》を出すことで、シュートを防《ふせ》ぐことができるのだ。

◆GK《ゴールキーパー》が指示《しじ》を出してシュートコースを消《け》す

相手《あいて》との距離《きょり》を一気《いっき》につめる!
コースに入れ！
OK！
シュートコース
1 ＧＫ《ゴールキーパー》がＤＦ《ディフェンダー》に後《うし》ろから指示《しじ》を出す

●ＧＫ《ゴールキーパー》は全体《ぜんたい》が見えるポジション

ＧＫ《ゴールキーパー》は11人の中でもっとも全体《ぜんたい》（とくに守備《しゅび》では逆《ぎゃく》サイドまで）を見ることができるポジションだ。そこで相手《あいて》のシュートシーンでは、コースを消《け》すために味方《みかた》ＤＦ《ディフェンダー》に指示《しじ》を出し、ボールとゴールを結《むす》んだ線上《せんじょう》に味方《みかた》ＤＦ《ディフェンダー》を立たせよう。短《みじか》い言葉《ことば》で伝《つた》えることが大切《たいせつ》だ。

うまくなるコツ　コースを限定《げんてい》させる守《まも》り方もある

コースを消《け》す前にシュートを打たれてしまうようなシーンでは、味方《みかた》ＤＦ《ディフェンダー》にファーサイド（相手《あいて》から遠《とお》いコース）をブロックさせ、ＧＫ《ゴールキーパー》がニアサイド（相手《あいて》から近いコース）に立つ守《まも》り方もある。状況《じょうきょう》に応《おう》じてＧＫ《ゴールキーパー》が味方《みかた》に指示《しじ》を出そう。

左に打てない…
キーパーの前に打たせる！
わざとニアサイドに打たせてキャッチする。

よし！
相手《あいて》の動《うご》きに合《あ》わせて距離《きょり》と角度《かくど》をたもつ

2 ＤＦ《ディフェンダー》がボールとゴールの線上《せんじょう》に入り、シュートコースを消《け》す。

プロサッカー選手“少年時代”の練習法⑤

DF《ディフェンダー》役《やく》の父親《ちちおや》を1対《たい》1で抜《ぬ》く！

小学生《しょうがくせい》のときは、父親《ちちおや》と朝《あさ》練《れん》をしていたのですが、当時《とうじ》はFW《フォワード》だったので、**“1対《たい》1のドリブルで、僕《ぼく》がフェイントをしかけて父親《ちちおや》を抜《ぬ》く練《れん》習《しゅう》”**をよくしていました。

父親《ちちおや》は僕《ぼく》が入っていたサッカーチームでコーチをやっていたので、ほぼ父親《ちちおや》にサッカーを教《おし》えてもらいました。**「相手《あいて》を抜《ぬ》くコツは、DF《ディフェンダー》の重心《じゅうしん》や体の向《む》きを見きわめること」**だとか、**「ファーストタッチ（ボールに最初《さいしょ》にふれること）の大切《たいせつ》さ」**もこのとき学《まな》びました。

練習《れんしゅう》では、父親《ちちおや》からパスを受《う》けてドリブルするんですけど、DF《ディフェンダー》役《やく》になった父親《ちちおや》の寄《よ》せに対《たい》して、自分がどう対応《たいおう》すればいいのか。父親《ちちおや》はいつも真《ま》っすぐ寄《よ》せるだけじゃなくて、色々《いろいろ》な角度《かくど》から来たので、1対《たい》1の戦術《せんじゅつ》はそこで学《まな》んだ気《き》がします。

あと、ときどき大人《おとな》のチームと対戦《たいせん》することがあったのですが、それが楽《たの》しかったですね。とにかく**「強《つよ》い相手《あいて》と戦《たたか》いたい」**という向上心《こうじょうしん》が、自分の中《なか》にあったと思《おも》うんです。プロになった今《いま》でも、強《つよ》い相手《あいて》と戦《たたか》うときにはワクワクしますからね。

チームをまとめる頭脳派《ずのうは》ディフェンダー
遠藤航《えんどうわたる》
（浦和《うらわ》レッズ／DF《ディフェンダー》）

パート 6

試合編《しあいへん》

試合《しあい》で勝《か》つための チームプレー！

パート6のポイント

試合《しあい》で勝《か》つためには、チームのみんなで同じ考《かんが》えを持《も》って攻撃《こうげき》と守備《しゅび》をすることが必要《ひつよう》だ。毎日の練《れん》習《しゅう》でそれぞれの動《うご》きや役割《やくわり》などを確認《かくにん》していって、チームとしてのレベルを上げていこう！

決勝戦当日《けっしょうせんとうじつ》
サンライズSC《エスシー》対《たい》ブルーペガサスFC《エフシー》
ザッ
ザッ
まさか最後《さいご》にまたサンライズSC《エスシー》とあたるとはな！
バチッ
バチッ
決勝《けっしょう》の相手《あいて》としては正直物足《しょうじきものた》りねぇぜ！
なにをぉぉぉ!? 今日《きょう》こそ絶対《ぜったい》ぇ勝《か》ってやるからな！

バチ
バチ
バチ
この試合《しあい》で勝《か》ったほうが東光大附属中《とうこうだいふぞくちゅう》に…
東光大附属中《とうこうだいふぞくちゅう》は颯《そう》ちゃんが前《まえ》からあこがれてたサッカー部《ぶ》……
ピイ――
ついに決勝戦《けっしょうせん》がはじまった!
ワア
ワア
もし私《わたし》たちが勝《か》ったら颯《そう》ちゃんは…
美空《みそら》
ハッ

ビシッ
はっ いけない！
走《かける》くん パス！
バッ
Sunrise SC
えっ！
なっ！
ダダッ
へへっ 悪《わる》いな！ もうかんたんには 通《とお》させないぜ！

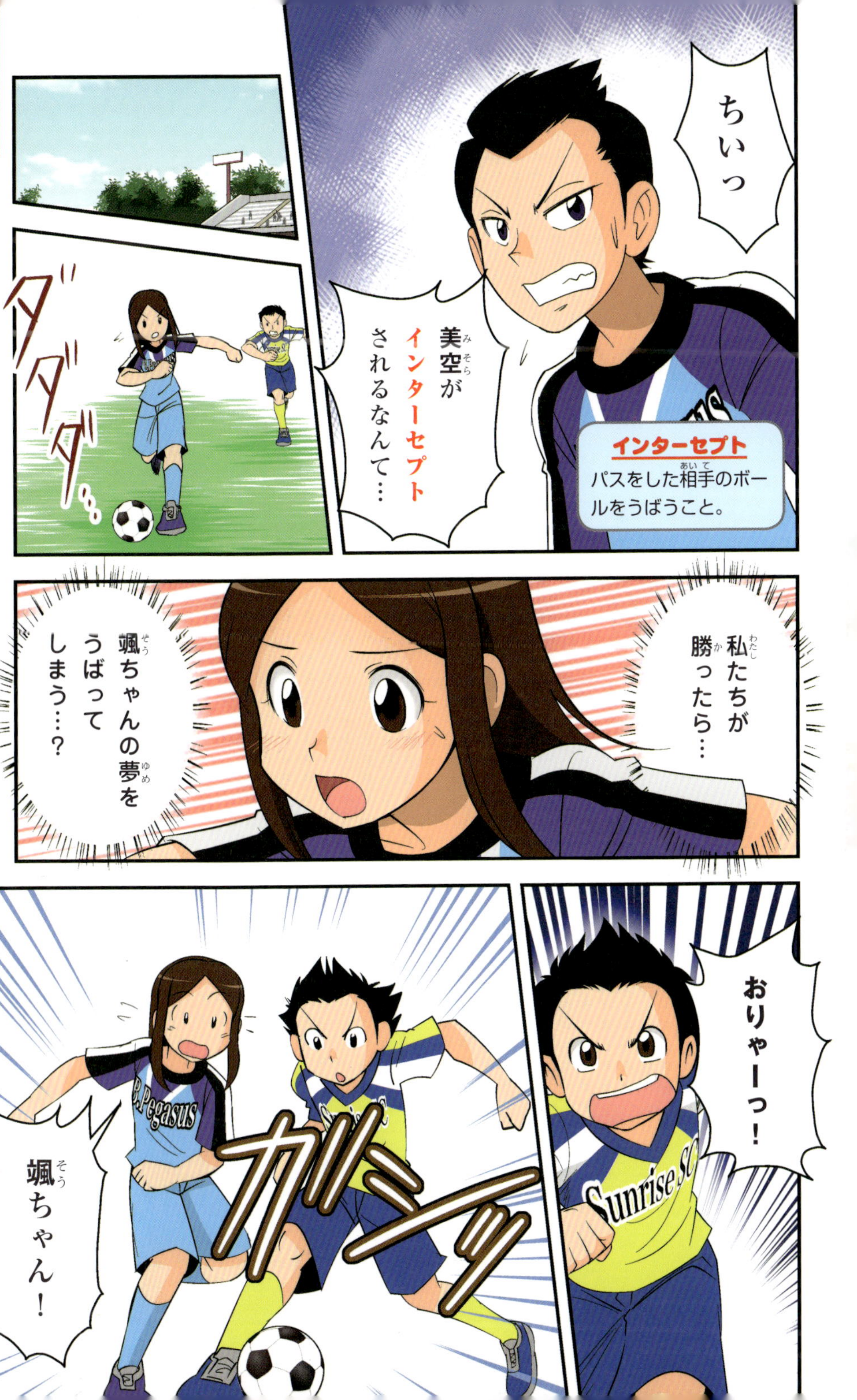
ちいっ
美空《みそら》がインターセプトされるなんて…
インターセプト
パスをした相手《あいて》のボールをうばうこと。
ダダダ…
私《わたし》たちが勝《か》ったら…
颯《そう》ちゃんの夢《ゆめ》をうばってしまう…？
おりゃーっ！
ガシッ
B.Pegasus
颯《そう》ちゃん！

かんたんにボールをうばえたな…
美空《みそら》…どうしたんだ
Sunrise SC
颯《そう》ちゃんってあんなに前線《ぜんせん》で守備《しゅび》してたっけ……
B.Pegasus
あ!

スキルアップ!

コンパクトな陣形《じんけい》とは…

192ページへ

選手間《せんしゅかん》の距離《きょり》をつめると相手《あいて》の攻撃《こうげき》スペースがなくなる!
囲《かこ》まれたらパスが出《だ》せない……
パスがこない…
陣形《じんけい》をコンパクトにすれば相手《あいて》を囲《かこ》みやすくなるからボールをうばいやすいぞ
Sunrise SC

FW《フォワード》の颯太《そうた》も守備《しゅび》をすることでDF《ディフェンダー》の最終《さいしゅう》ラインが上《あ》がってコンパクトな陣形《じんけい》になったたな
これで相手《あいて》のスルーパスはかんたんには通《とお》らないぞ!
いけぇ!サンライズSC《エスシー》
ビシッ
颯太《そうた》くん!
ドドドドド
うおおおおお!
速《はや》い!まさに『ピッチをかける風《かぜ》』だ!
パスを送《おく》った渚《なぎさ》もすごいぞ!
ドッ

ワァァー
渚《なぎさ》！今《いま》の
パス最高《さいこう》だったぜ！
いつもパス練習《れんしゅう》
がんばってたもんな！
うん！
Sunrise SC
ハァ
ハァ
B.Pegasus
颯太《そうた》くんの力《ちから》を
生《い》かすパス
ついに送《おく》れたかも！

美空《みそら》
なにやってんだよ!
プレーにいつものキレがないぞ!
ご…ごめん
ピィー
ハーフタイム
走《かける》のいうとおりいつもの美空《みそら》らしくないな…
颯《そう》ちゃん!
どうしたんだよ具合《ぐあい》でも悪《わる》いのか?
じ…実《じつ》は……

ええええっ！ そんなこと 考《かんが》えてたのかよ！
冗談《じょうだん》じゃ ないぜ！
まるで オレたちが 負《ま》けるって決《き》まってる みたいじゃないか！
そ そういう つもりじゃ…
オレたちはいつも 勝《か》つ気《き》で戦《たたか》って るんだぜ！
ド
それにな！ もしもスカウトされなくても それはオレの実力《じつりょく》だ それくらい覚悟《かくご》してる！

オレは美空《みそら》と真剣勝負《しんけんしょうぶ》がしたい！
余計《よけい》なこと考《かんが》えないで全力《ぜんりょく》でプレーしてくれよな！
ニカ
颯《そう》ちゃん…
ピィー
試合後半《しあいこうはん》
そうよ！お互《たが》いに実力《じつりょく》を出《だ》しきらないとダメだよね！
私《わたし》…どうかしてた！
B.Pegasus
ザザザッ

キラーパス
得点《とくてん》につながるような相手陣《あいてじん》を抜《ぬ》くパスのこと。

よっしゃあああ!
ひゃっほーう!
パン
美空《みそら》の動《うご》き
すげえよ…
あんなの
続《つづ》けられたら
逆点《ぎゃくてん》され
ちまうかも…

たしかに…信《しん》じられないぐらいあざやかだわ……
みんな！まだ同点《どうてん》にされただけだぞ！
おおおそうだな！
勝《しょう》負《ぶ》はここからだ！
よしみんな！優勝《ゆうしょう》するぞぉぉぉぉ!!

おおおおお!
雰囲気《ふんいき》が悪《わる》くなったと感《かん》じてすかさずチーム全体《ぜんたい》に声《こえ》をかけたか…
キャプテンとして大《おお》きく成長《せいちょう》したな颯太《そうた》!
その後《ご》は両《りょう》チームが力《ちから》を出《だ》し合《あ》い決勝戦《けっしょうせん》にふさわしい激戦《げきせん》となった
同点《どうてん》のまま延長戦《えんちょうせん》へ突入《とつにゅう》するかと思《おも》われた後半《こうはん》終了《しゅうりょう》間際《まぎわ》——

カリッ
ナイス渚《なぎさ》！ショートカウンターだ！

スキルアップ！

ショートカウンターのコツ

▶▶196ページへ

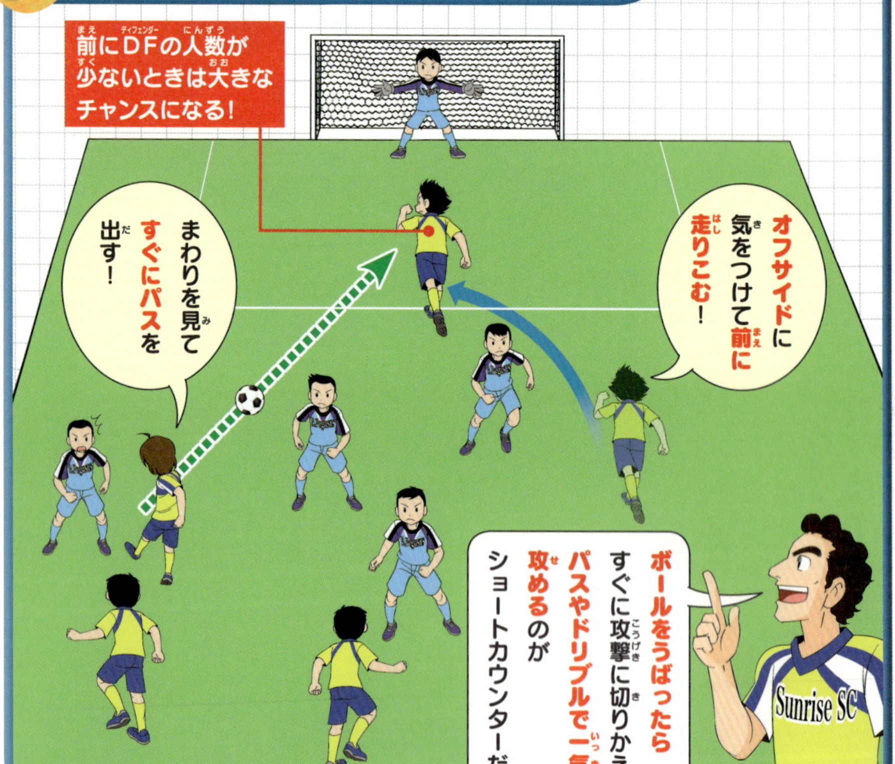
前《まえ》にDF《ディフェンダー》の人数《にんずう》が少《すく》ないときは大《おお》きなチャンスになる！
オフサイドに気《き》をつけて前《まえ》に走《はし》りこむ！
まわりを見《み》てすぐにパスを出《だ》す！
ボールをうばったらすぐに攻撃《こうげき》に切《き》りかえてパスやドリブルで一気《いっき》に攻《せ》めるのがショートカウンターだ！

あ……っ！
ササッ
渚《なぎさ》
こっちだ！
ダッ
おおっ！
DF《ディフェンダー》の勇《ゆう》太《た》が
オーバーラップ!?
オーバーラップ
ボールを持《も》っている味《み》方《かた》の選手《せんしゅ》を後《うし》ろから追《お》い越《こ》していくプレー。
うっ…
パシ
ザッ
こっちにクロスよ！
よし
たのむ！
ビシ
！
させるか！
バッ
どっ どうしよう
シュートコースがない！

パート6
試合編

1

攻撃 相手陣《あいてじん》を見てサイドチェンジ！

試合《しあい》では相手陣《あいてじん》の動《うご》きを見きわめ、仲間《なかま》でパスをつなぐことが大切《たいせつ》だ。広《ひろ》いスペースや逆《ぎゃく》のサイドを使う攻撃方法《こうげきほうほう》を覚《おぼ》えよう。

◆短《みじか》くパスを回《まわ》してから長いパスを出す

3
DF《ディフェンダー》のスキをついてフリーでボールを受《う》ける。
パスコースに移動《いどう》しておく

●相手《あいて》を引きつけてから遠《とお》くの味方《みかた》へパスする

あえて近くの味方《みかた》と2、3回《かい》パスを交換《こうかん》すると、相手《あいて》はボールをうばおうと近よってくる。そこで遠《とお》くにいる味方《みかた》がフリーになることが多いので、大きくパスを出そう。

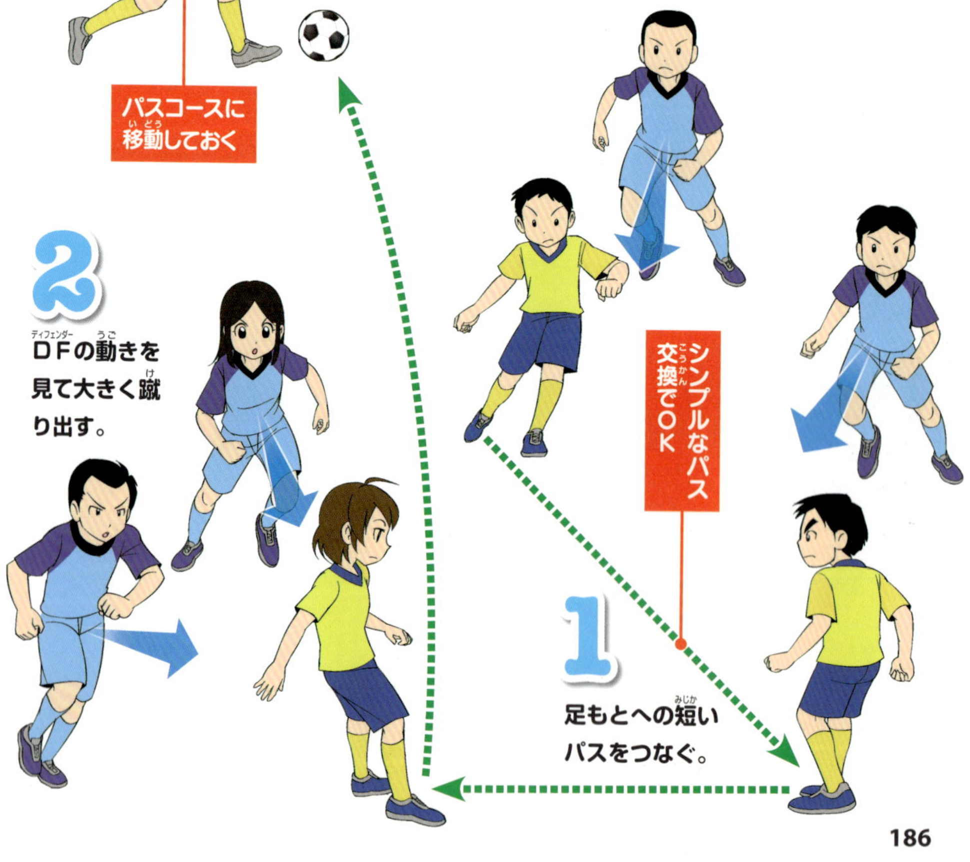

2
DF《ディフェンダー》の動《うご》きを見て大きく蹴《け》り出す。
シンプルなパス交換《こうかん》でOK
1
足もとへの短《みじか》いパスをつなぐ。

◆サイドチェンジしてチャンスをつくる

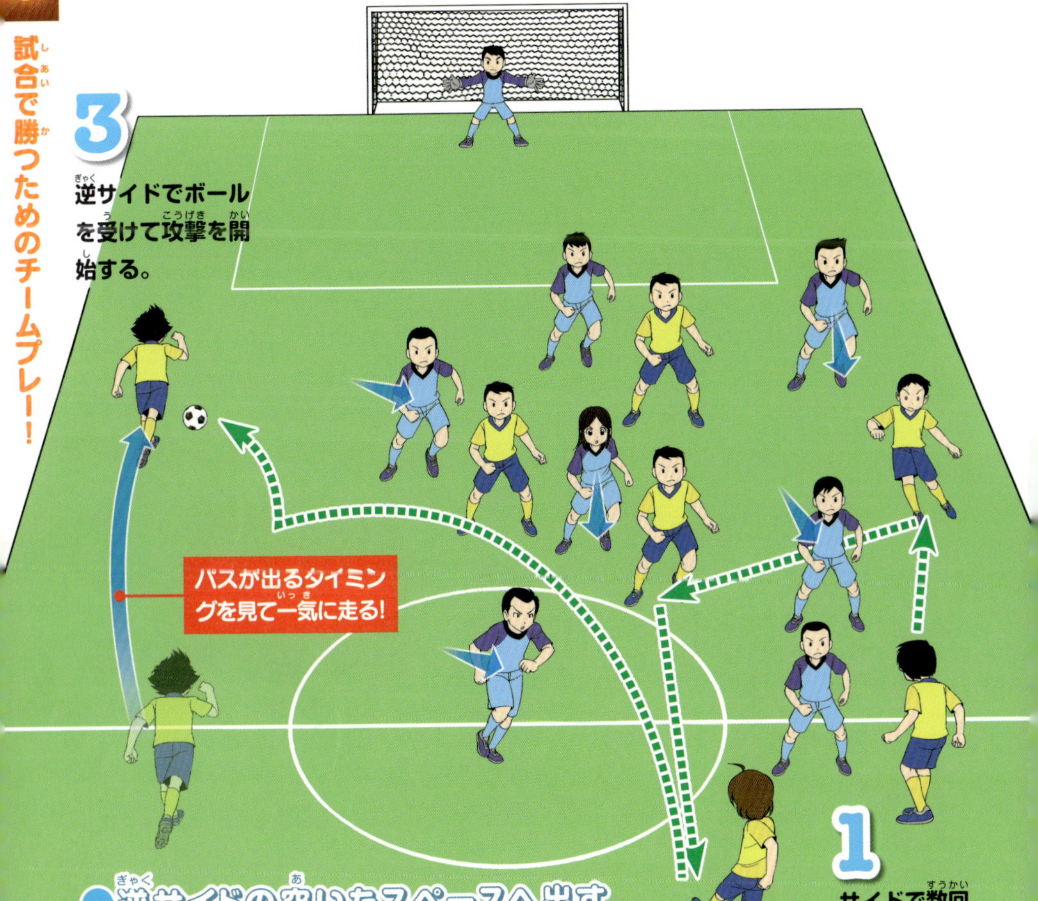
3
逆《ぎゃく》サイドでボールを受《う》けて攻撃《こうげき》を開《かい》始《し》する。
パスが出るタイミングを見て一気《いっき》に走る!
1
サイドで数回《すうかい》、短《みじか》いパスをつなぐ。
2
なるべくダイレクトでスペースに大きく蹴《け》る。

●逆《ぎゃく》サイドの空《あ》いたスペースへ出す

右サイドで短《みじか》いパスを2、3本《ぼん》つなぎ、相手《あいて》を引きよせたところで、左サイドの空《あ》いたスペースへロングキックを出す。味方《みかた》はボールばかり見ないでスペースを見つけて、そこに入る動《うご》きが必要《ひつよう》だ。

うまくなるコツ　攻《せ》めるときは「広《ひろ》がる」が基本《きほん》

ボールを自分たちが持《も》ったとき、とくに両《りょう》サイドに位置《いち》する選手《せんしゅ》は、タッチライン方向《ほうこう》に走って陣形《じんけい》を広《ひろ》げるのが基本《きほん》。そうすることでパスをもらうスペースが生《う》まれ、攻撃《こうげき》がしやすくなるからだ。

攻撃 三角形《さんかくけい》の陣形《じんけい》で攻撃《こうげき》する！

パスを回《まわ》して攻撃《こうげき》するには、選手《せんしゅ》それぞれの位置取《いちど》りが大切《たいせつ》。もっともパスをつなぎやすく攻《せ》めやすいのが、三角形《さんかくけい》に並《なら》ぶ位置《いち》だ。

◆パスの出しどころを多くつくる

●三角形《さんかくけい》になる位置《いち》を意識《いしき》する

パスを出すコースが1つだと、相手《あいて》にとって守《まも》りやすい。そこでボールを持《も》っている選手《せんしゅ》のななめ前に2人つき、三角形《さんかくけい》になることでパスコースを2つつくろう。

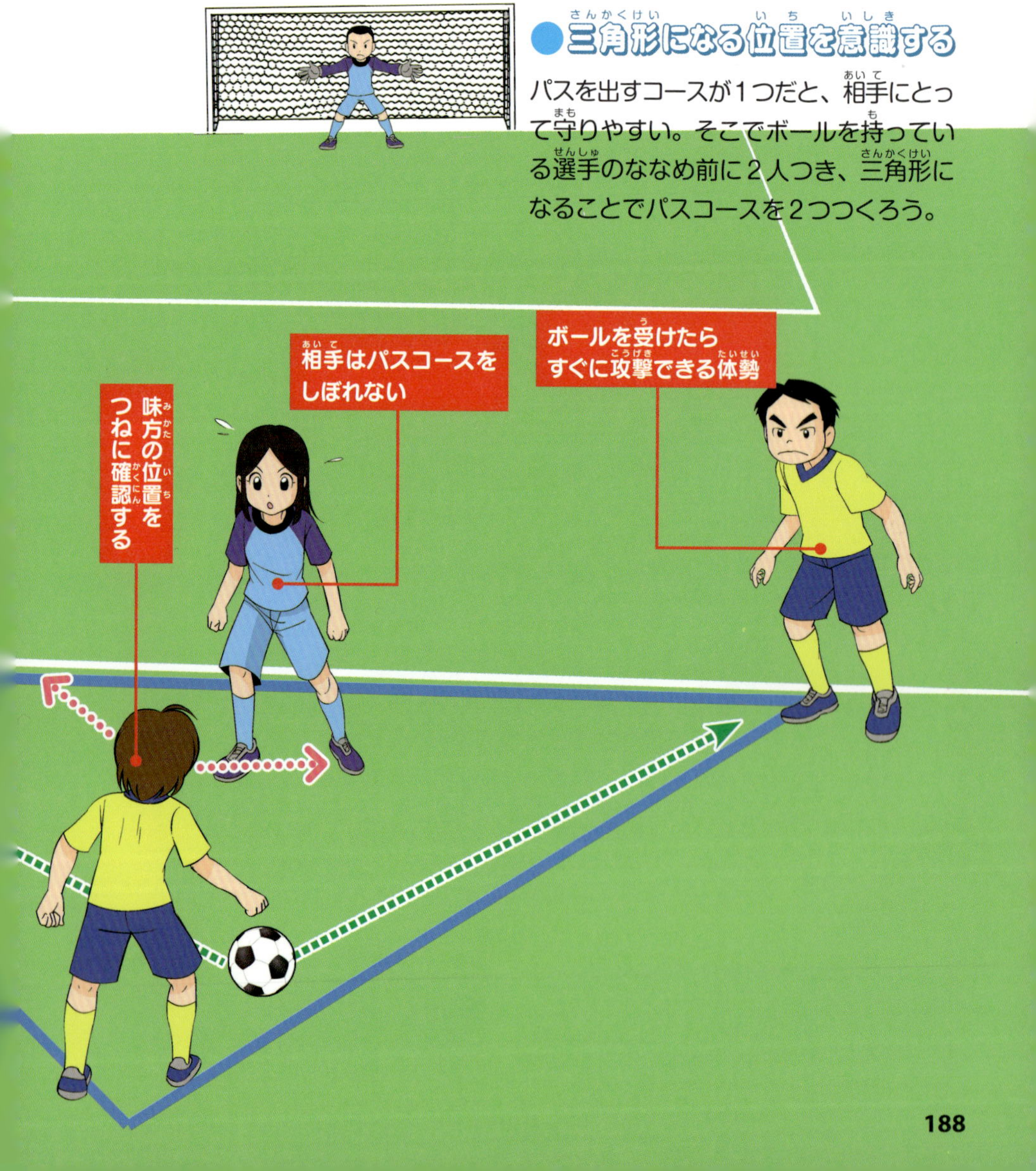
相手《あいて》はパスコースをしぼれない
ボールを受《う》けたらすぐに攻撃《こうげき》できる体勢《たいせい》
味方《みかた》の位置《いち》をつねに確認《かくにん》する

●パスの受《う》け手《て》はアピールする

パスの受《う》け手《て》は、ボールを受《う》けたらすぐにゴールに向《む》かえるように、ボールに対《たい》してななめに構《かま》えて待《ま》つ。また、右足側《がわ》にパスがほしいなら、右手を上げてボールを持《も》っている選手《せんしゅ》にアピールしよう。

うまくなるコツ　相手《あいて》の真《ま》ん中《なか》にポジションをとる

三角形《さんかくけい》になる形《かたち》で攻《せ》めるときの理想《りそう》は、ボールを持《も》つ味方《みかた》のマークを真《ま》ん中《なか》にして三角形《さんかくけい》をつくること。相《あい》手《て》ＤＦ陣《ディフェンスじん》は、誰《だれ》がマークにつけばいいか混乱《こんらん》するので、パスを受《う》けやすくなるぞ。

?
?
?

相手《あいて》を真《ま》ん中《なか》にして三角形《さんかくけい》をつくると、ＤＦ陣《ディフェンスじん》が迷《まよ》う。

ななめ前に
ポジションをとる

攻撃 縦《たて》パスを入れて攻《せ》めこむ！

横《よこ》にパスをつなぐだけではなく、タイミングを見て縦《たて》パスを入れることが大切《たいせつ》だ。相手《あいて》の裏《うら》をかくパターンを覚《おぼ》えよう。

◆ワンタッチで縦《たて》パスを入れる

●トラップすると時間《じかん》がかかる

ボールを1度《ど》トラップすると時間《じかん》がかかり、体の動《うご》きでパスを出す方向《ほうこう》もバレる。縦《たて》パスはできるだけ早《はや》く出すことを考《かんが》えてワンタッチで出すようにしよう。

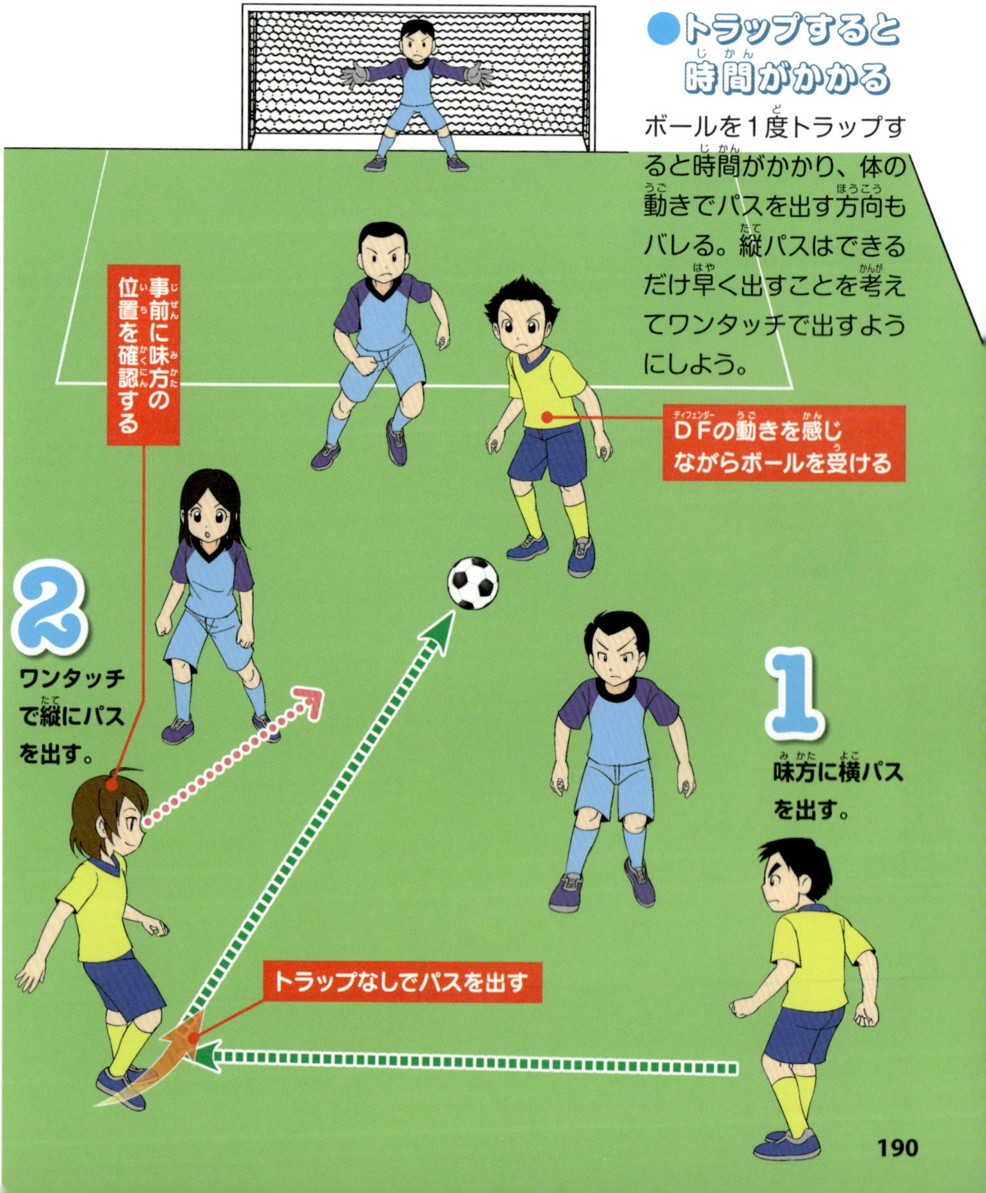
事前《じぜん》に味方《みかた》の位置《いち》を確認《かくにん》する
DF《ディフェンダー》の動《うご》きを感《かん》じながらボールを受《う》ける
2
ワンタッチで縦《たて》にパスを出す。
1
味方《みかた》に横《よこ》パスを出す。
トラップなしでパスを出す

◆ノールックで縦《たて》パスを入れる

●横《よこ》を向《む》いて縦《たて》に出す

横《よこ》にパスを出す体勢《たいせい》でマークを油断《ゆだん》させ、そのスキをついてノールック（パスの相手《あいて》を見ない）で縦《たて》パスを出す。演《えん》技力《ぎりょく》が必要《ひつよう》なテクニックだ。

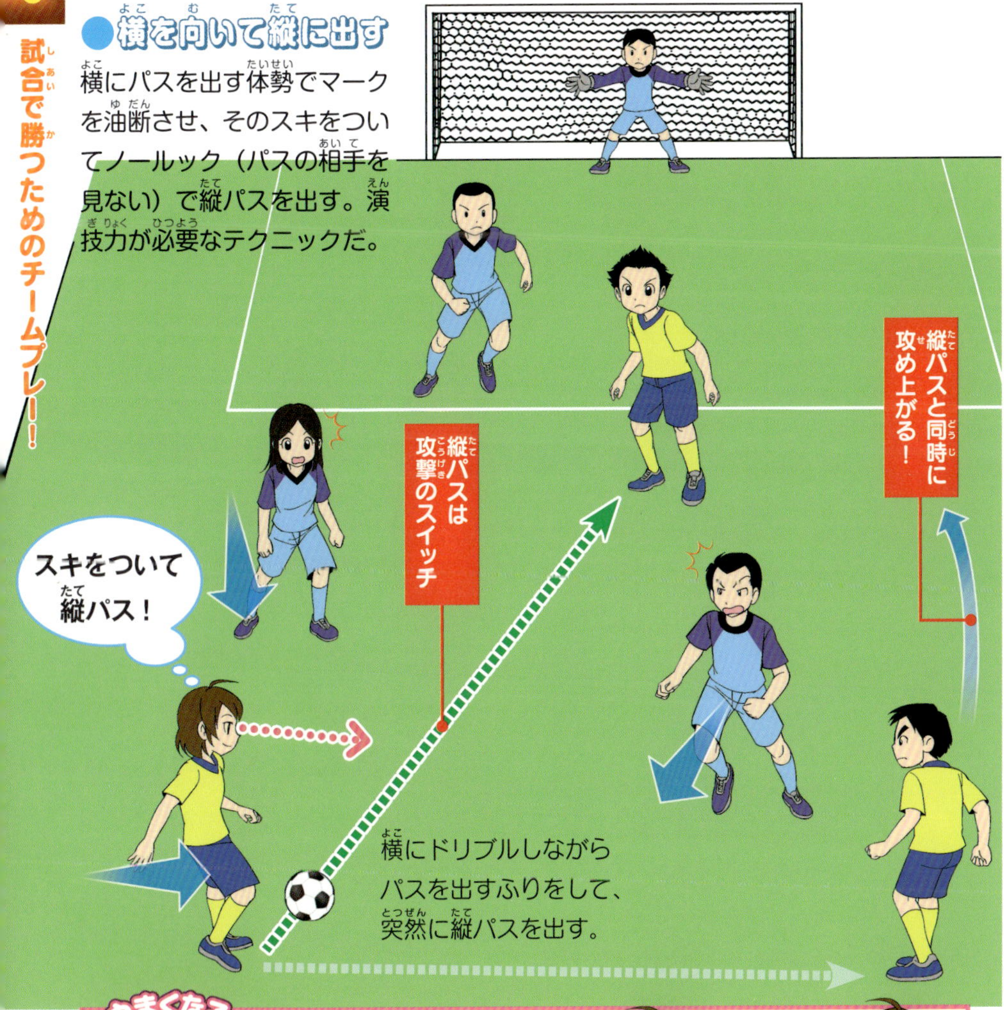
スキをついて縦《たて》パス！
縦《たて》パスは攻撃《こうげき》のスイッチ
縦《たて》パスと同時《どうじ》に攻《せ》め上がる！
横《よこ》にドリブルしながらパスを出すふりをして、突然《とつぜん》に縦《たて》パスを出す。

うまくなるコツ 足首《あしくび》のひねりで蹴《け》る

ノールックの縦《たて》パスを蹴《け》るコツは、足首《あしくび》を内側《うちがわ》に巻きこむようにして蹴《け》ること。こうすれば直前《ちょくぜん》まで真《ま》っすぐ蹴《け》るように見えるので、相手《あいて》をだますことができるぞ。

パート6
試合編
4

攻撃 クロスボールをうまく使う！

クロスボールを入れるコースは、真《ま》っすぐよりも少《すこ》しななめからや、自陣《じじん》へもどるように入れるとチャンスが広《ひろ》がるぞ。

◆DF《ディフェンス》ラインの裏《うら》へクロスを送《おく》る

●カーブボールで裏《うら》へ蹴《け》る

カーブをかけてＤＦ《ディフェンダー》の裏《うら》にクロスを入れれば、ＧＫ《ゴールキーパー》は前に出にくく、ＤＦ《ディフェンダー》は後《うし》ろへ下がりながらの対応《たいおう》になるのでチャンスだ。カーブをかけないとＧＫ《ゴールキーパー》に取《と》られたり、そのままゴールラインから出てしまうので注意《ちゅうい》しよう。

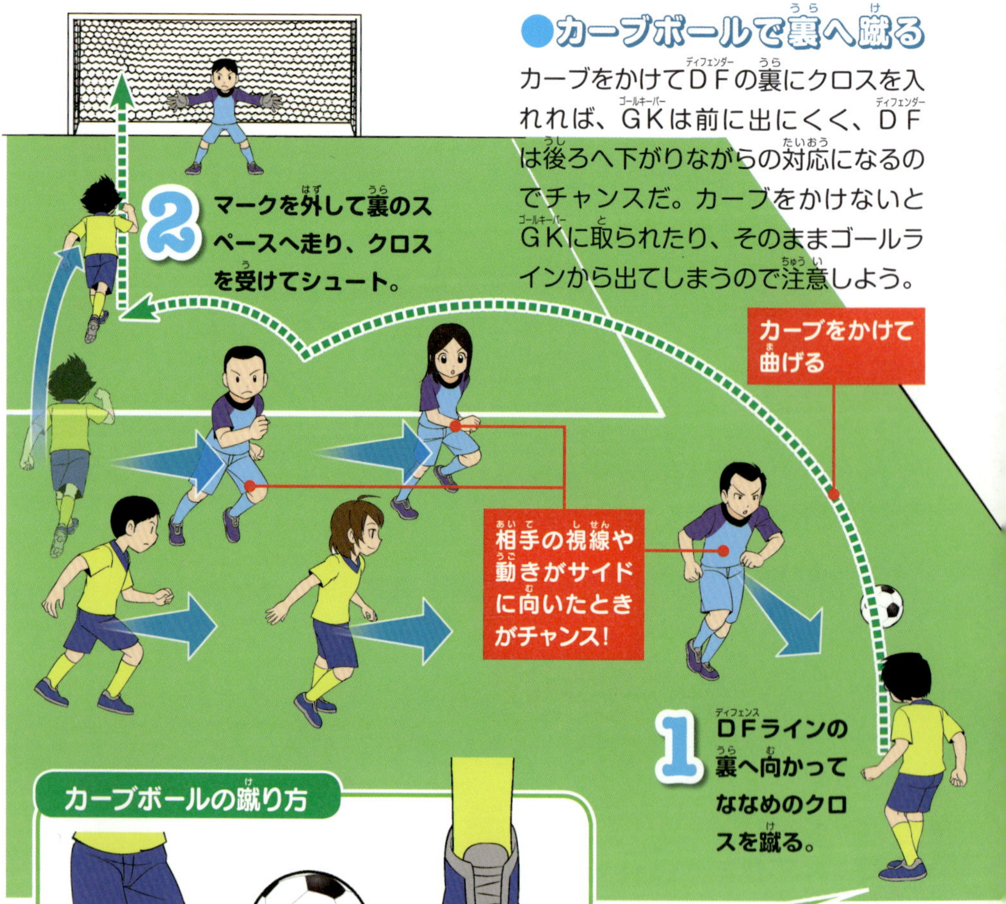

2 マークを外《はず》して裏《うら》のスペースへ走り、クロスを受《う》けてシュート。
カーブをかけて曲《ま》げる
相手《あいて》の視線《しせん》や動《うご》きがサイドに向《む》いたときがチャンス！
1 DF《ディフェンス》ラインの裏《うら》へ向《む》かってななめのクロスを蹴《け》る。

カーブボールの蹴《け》り方
ボールの下に足を入れる。
親指内側《おやゆびうちがわ》のインフロントで蹴《け》る。

◆クロスをファーサイドに送《おく》って折《お》り返《かえ》す

●ファーで折《お》り返《かえ》したボールをニアで決《き》める

クロスボールをファーサイド（遠《とお》いほうのポスト側《がわ》）に蹴《け》りこむことで、ＤＦ《ディフェンダー》がファーサイドに集中《しゅうちゅう》する。ファーでボールを受《う》ける選手《せんしゅ》は直接《ちょくせつ》ゴールをねらわず、ニアサイド（近いほうのポスト側《がわ》）に折《お》り返《かえ》すことで、後《うし》ろから走りこんだ選手《せんしゅ》がフリーでシュートを打つことができる。

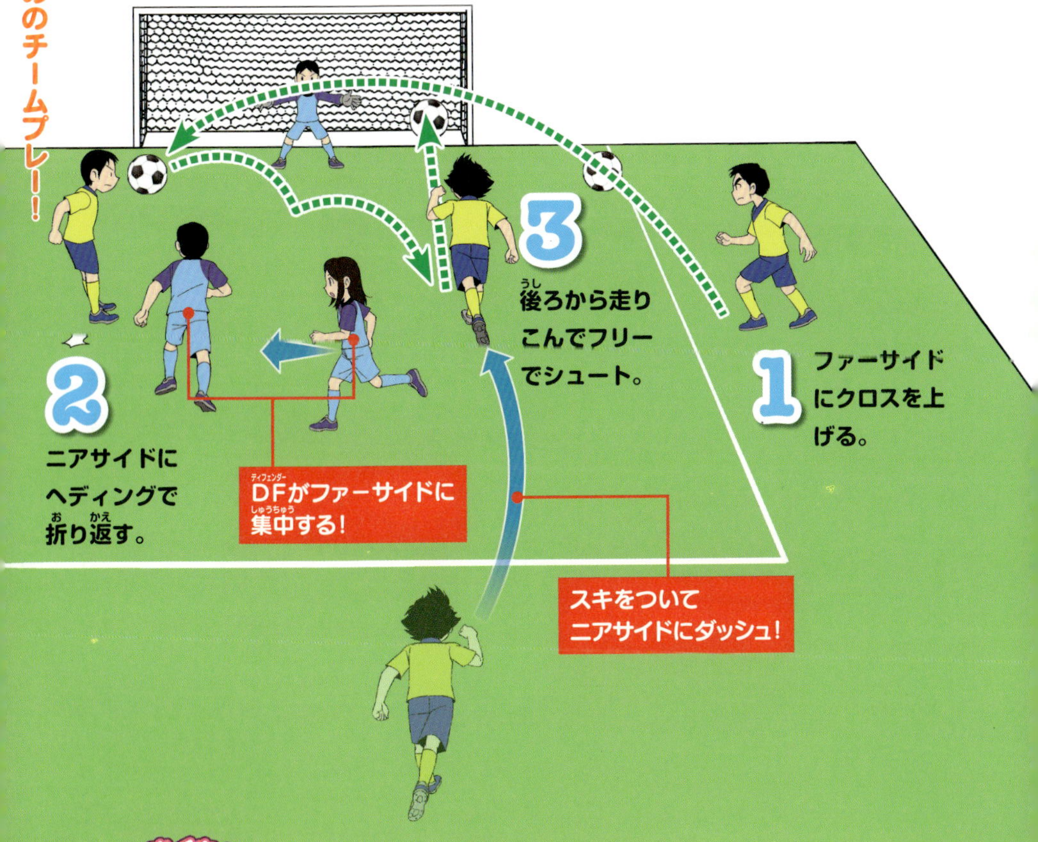
1
ファーサイドにクロスを上げる。
2
ニアサイドにヘディングで折《お》り返《かえ》す。
3
後《うし》ろから走りこんでフリーでシュート。
DF《ディフェンダー》がファーサイドに集中《しゅうちゅう》する！
スキをついてニアサイドにダッシュ！

うまくなるコツ ヘディングの強《つよ》い選手《せんしゅ》を使う

上で紹介《しょうかい》している方法《ほうほう》は、ＧＫ《ゴールキーパー》とＤＦ《ディフェンダー》を左右《さゆう》に揺《ゆ》さぶって混乱《こんらん》させるためのチーム戦術《せんじゅつ》だ。ポイントはファーサイドにヘディングの強《つよ》い選《せん》手《しゅ》がいること。それを見た相手《あいて》はファーサイドに集中《しゅうちゅう》するので、ニアに気がまわらなくなる。そのスキをつけば、得点《とくてん》の可能性《かのうせい》は高くなるぞ。

守備 コンパクトな陣形《じんけい》で守《まも》る!

守備《しゅび》ではFW《フォワード》とMF《ミッドフィルダー》、DF《ディフェンダー》の距離感《きょりかん》が大切《たいせつ》になる。それぞれの距離《きょり》をつめて守《まも》ることで相手《あいて》の攻撃《こうげき》をふせぎ、ボールをうばおう。

◆ポジション間《かん》の距離《きょり》をコンパクトにする

●相手《あいて》の攻撃《こうげき》スペースをなくす

FW《フォワード》とMF《ミッドフィルダー》、DF《ディフェンダー》の距離《きょり》を縮《ちぢ》めてスペースをなくし、そこに入ってきた相手《あいて》を囲《かこ》むような感《かん》じでボールをうばおう。

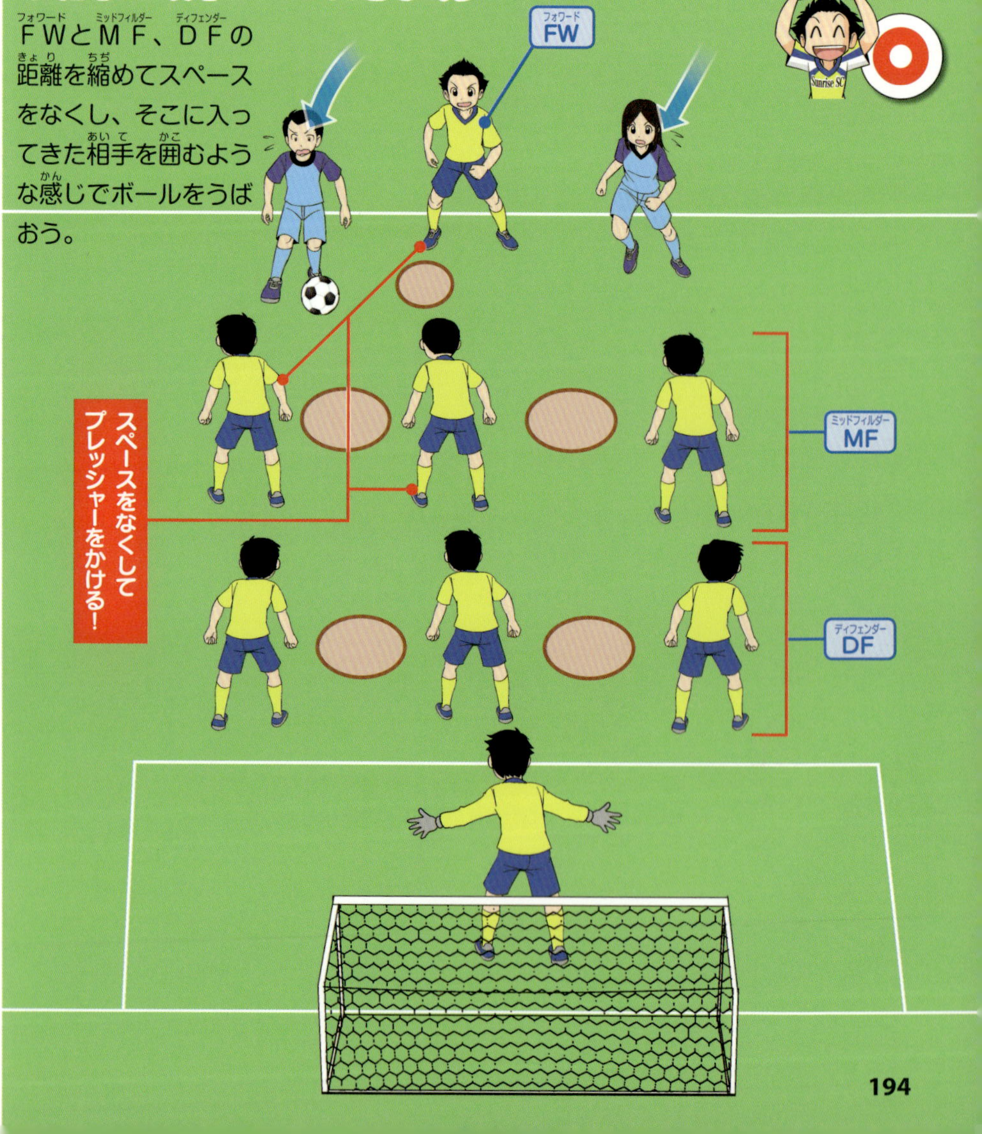

◆ポジション間《かん》の距離《きょり》が広《ひろ》いと…

●攻撃《こうげき》のスペースを与《あた》えてしまう

ＦＷ《フォワード》とＭＦ《ミッドフィルダー》、ＤＦ《ディフェンダー》の距離《きょり》が広《ひろ》がると、自陣《じじん》に広《ひろ》いスペースが生《う》まれ、相手《あいて》に自由《じゆう》に攻撃《こうげき》のチャンスを与《あた》えてしまうので注意《ちゅうい》しよう。

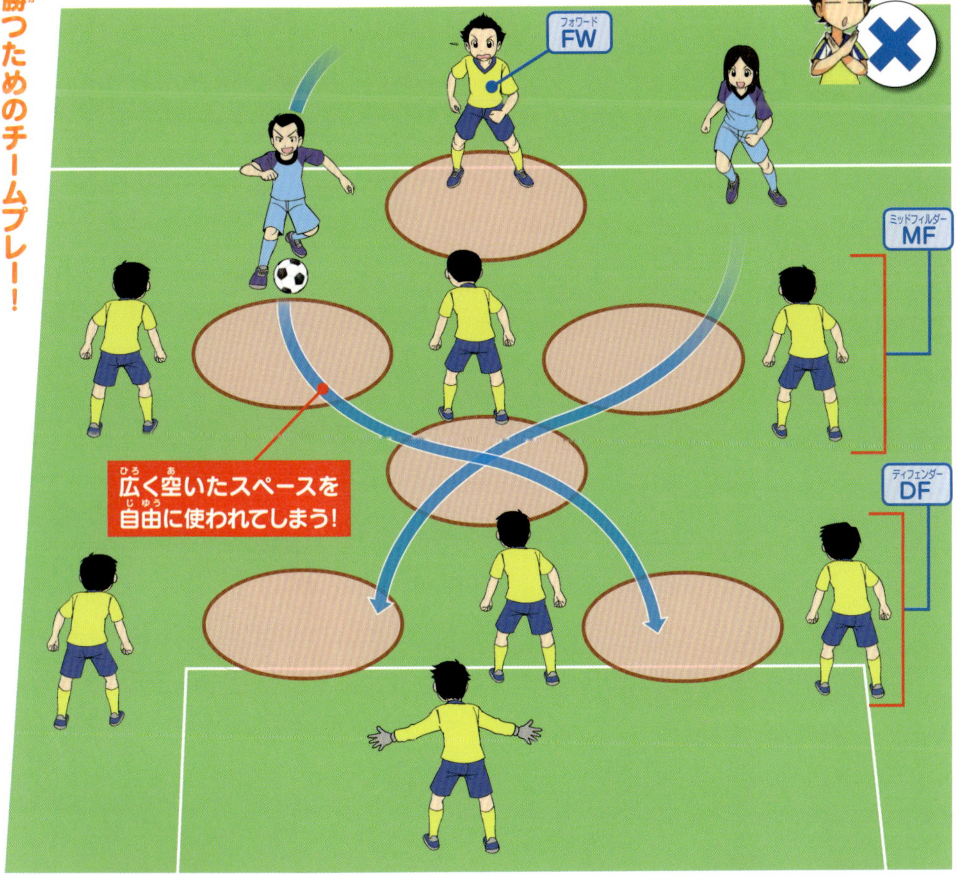
FW《フォワード》
MF《ミッドフィルダー》
DF《ディフェンダー》
広《ひろ》く空《あ》いたスペースを自由《じゆう》に使われてしまう!

うまくなるコツ 仲間《なかま》と連《れん》けいしてボールをうばう

コンパクトな陣形《じんけい》だと、近くの仲間《なかま》をフォローしやすい。数《かず》で相手《あいて》を囲《かこ》めば、ボールをうばえる確率《かくりつ》が高くなるぞ。

1人よりも2人、3人で囲《かこ》んでうばう。

守備 全員《ぜんいん》で協力《きょうりょく》して動《うご》いて守《まも》る！

守備《しゅび》では仲間全員《なかまぜんいん》で同じ考《かんが》えを持《も》って動《うご》くことが大切《たいせつ》だ。お互《たが》いの距離間《きょりかん》や、ボールをうばいにいくタイミングをはかろう。

◆ボールがあるサイドに全体《ぜんたい》で寄《よ》せる

●味方《みかた》との距離《きょり》を近くたもつ

守備《しゅび》ではボールを持《も》つ選手《せんしゅ》がいるサイドに全体的《ぜんたいてき》によってプレッシャーをかける。そのとき味方《みかた》との距離《きょり》を近くたもった陣形《じんけい》のまま動《うご》くように注意《ちゅうい》しよう。

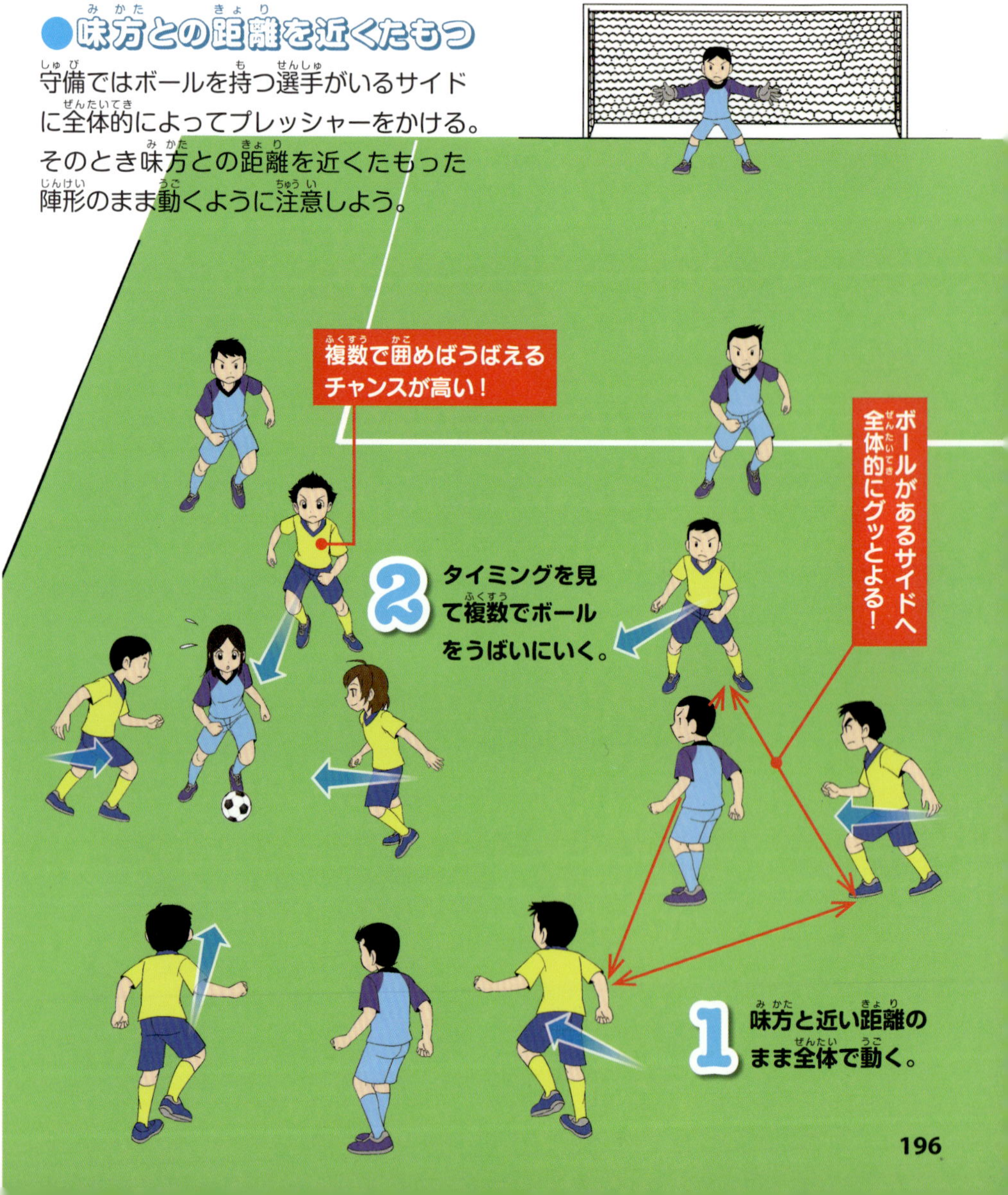
複数《ふくすう》で囲《かこ》めばうばえるチャンスが高い！
ボールがあるサイドへ全体的《ぜんたいてき》にグッとよる！
2 タイミングを見て複数《ふくすう》でボールをうばいにいく。
1 味方《みかた》と近い距離《きょり》のまま全体《ぜんたい》で動《うご》く。

◆全員《ぜんいん》が連動《れんどう》して動《うご》く

●ボールの移動中《いどうちゅう》に動《うご》く

たとえば左サイドから右サイドへパスされたとき、相手《あいて》にパスが渡《わた》るまでに3～4秒《びょう》の時間《じかん》がある。このわずかな時間《じかん》に全体《ぜんたい》でグッと右サイドへよることが大切《たいせつ》だ。

1 相手《あいて》のサイドチェンジに合《あ》わせて全力《ぜんりょく》でダッシュする。

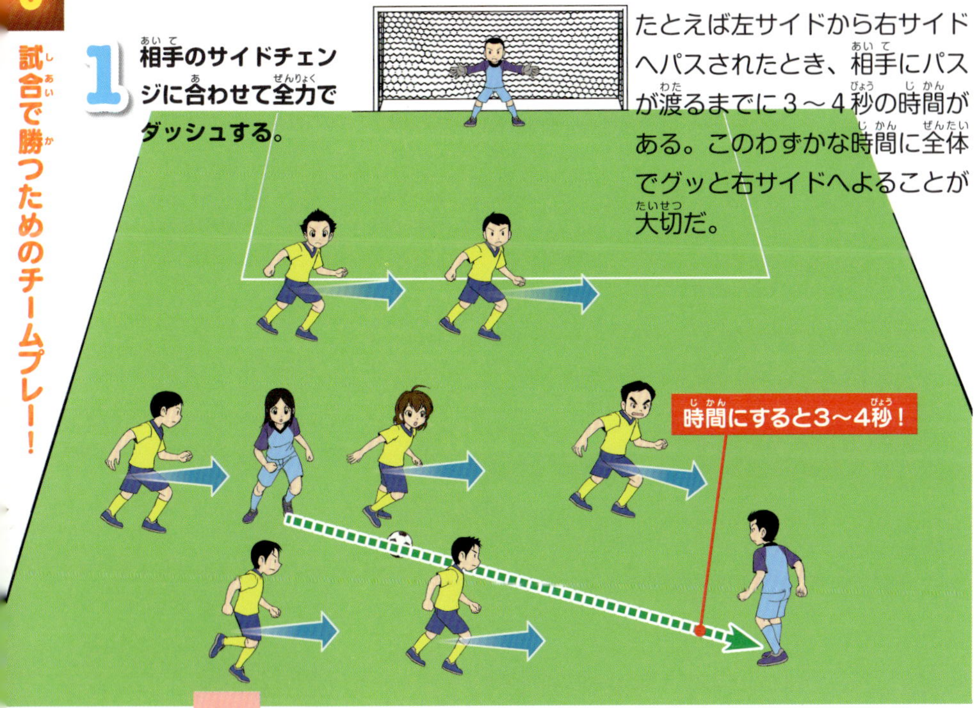
時間《じかん》にすると3～4秒《びょう》！

2 陣形《じんけい》をキープしながら全体《ぜんたい》でプレッシャーをかける。

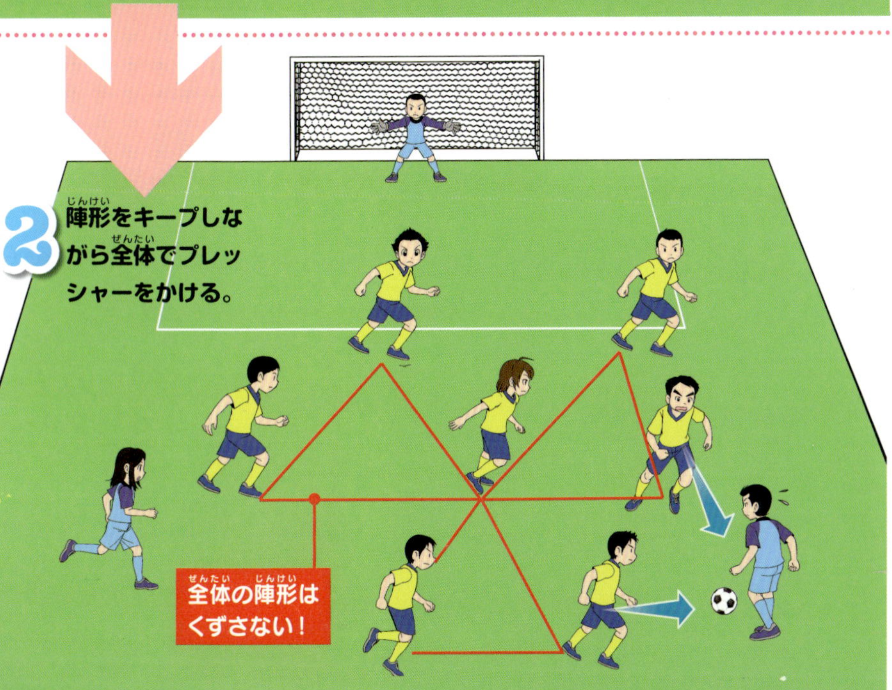
全体《ぜんたい》の陣形《じんけい》はくずさない！

守備 守備《しゅび》からのショートカウンター！

相手《あいて》攻撃陣《こうげきじん》からボールをうばえたら、できるだけ早《はや》く攻《せ》めることが大切《たいせつ》。短《みじか》い距離《きょり》を一気《いっき》に攻《せ》め上がるショートカウンターだ！

◆ボールをうばったらすぐにゴールへ向《む》かう！

●前に相手《あいて》が少《すく》なければチャンス

相手《あいて》の攻撃中《こうげきちゅう》、敵《てき》のゴールに近い位置《いち》でボールをうばえば、前に人数《にんずう》がほとんどいないことが多い。そんなときは迷《まよ》わずパスを出したり、前へのドリブルでゴールを目指《めざ》そう。

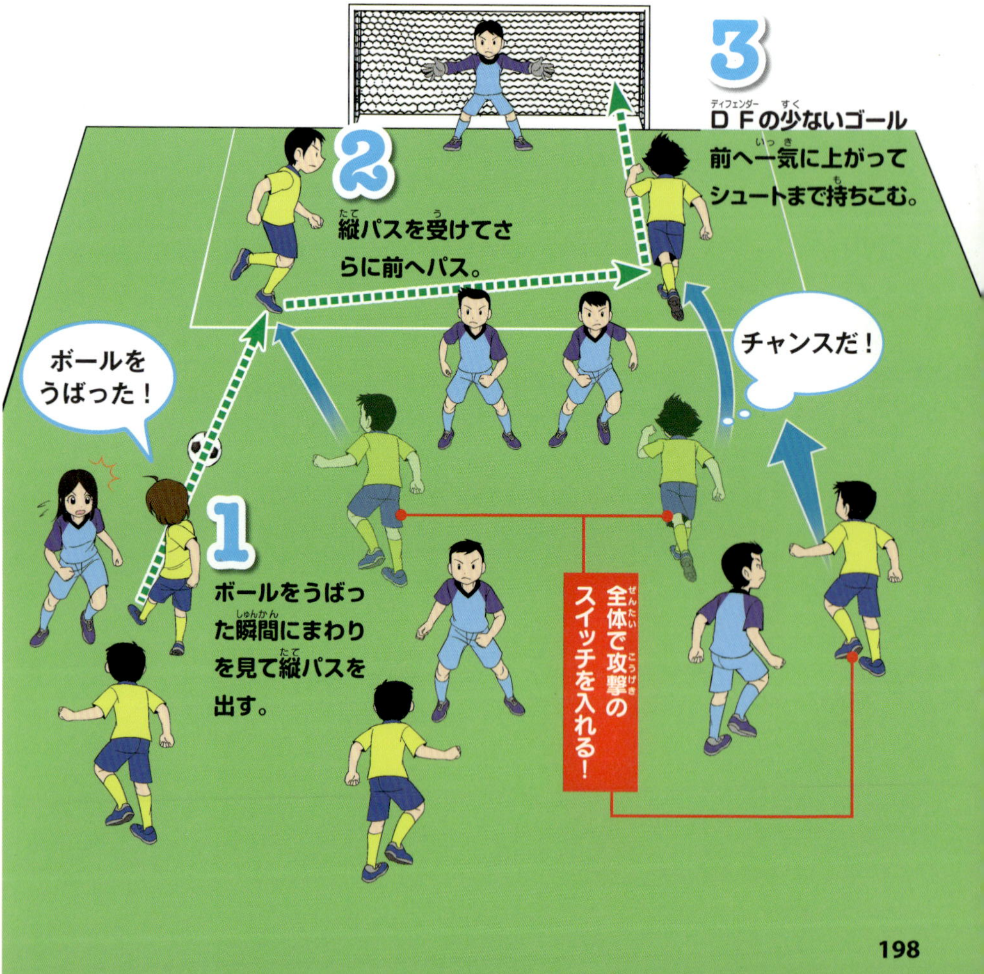
3
DF《ディフェンダー》の少《すく》ないゴール前へ一気《いっき》に上がってシュートまで持《も》ちこむ。
2
縦《たて》パスを受《う》けてさらに前へパス。
ボールをうばった！
チャンスだ！
1
ボールをうばった瞬間《しゅんかん》にまわりを見て縦《たて》パスを出す。
全体《ぜんたい》で攻撃《こうげき》のスイッチを入れる！

◆前の状況《じょうきょう》によっては落《お》ちつかせる

ムリするな！
前線《ぜんせん》の味方《みかた》がマークされている！
ボールをうばった！
落《お》ちつこう!
近くの味方《みかた》にパスするなどボールキープしながらチャンスをうかがう!

●前線《ぜんせん》の味方《みかた》の状況《じょうきょう》を見る

ボールをうばったら、まずは前線《ぜんせん》の味方《みかた》の位置《いち》を確認《かくにん》しよう。味方《みかた》がいいポジションにおらず、相手《あいて》の人数《にんずう》が多い場合《ばあい》は、ムリに攻《せ》め上がらずにボールキープしよう。

うまくなるコツ　攻撃《こうげき》と守備《しゅび》の切りかえを早《はや》くしよう

現代《げんだい》サッカーは、ボールをうばったら一気《いっき》に攻《せ》め上がるショートカウンターのスタイルが一般的《いっぱんてき》だ。だから攻撃《こうげき》と守備《しゅび》の「体の切りかえ」と同《どう》時《じ》に「気《き》持《も》ちの切りかえ」もすばやくできるように練習《れんしゅう》していこう。

プロサッカー選手
“少年時代”の
練習法⑥

カーブシュートでゴールをねらう練習《れんしゅう》！

ボンボン
カーブキックを身《み》につける！

小学生《しょうがくせい》のころは、サッカーの練習《れんしゅう》がはじまるのが待《ま》ち遠《どお》しくて、練習前《れんしゅうまえ》から集《あつ》まって**「リフティングしながらバスケットゴールに入れる」**とか、**「ゴールの上に空《あ》き缶《かん》を置《お》いてねらって蹴《け》る」**とか、自分でアイデアを出して遊《あそ》んでいました。リフティングも、ただ回数《かいすう》を増《ふ》やしてもつまらないので、座《すわ》ってやったりとか工夫《くふう》していました。

あとは**「ゴールのなめ後《うし》ろ側《がわ》からねらうキックの練《れん》習《しゅう》」**もしましたね。もちろんノーバウンドじゃ無理《むり》なので、どうやったらうまくカーブがかかるのか、どこでバウンドさせればそこから曲《ま》がって入るのかとか、面白《おもしろ》そうなことを思《おも》いついたらどんどん試《ため》していました。

今《いま》サッカーをしているみんなには、**自分の特長《とくちょう》をみがいてほしい**ですね。僕《ぼく》は足が速《はや》いほうではないし、それほど背《せ》も高《たか》くない。だけど走りつづける体力《たいりょく》と技術《ぎじゅつ》には自信《じしん》があった。今《いま》、たとえばスピードに自信《じしん》がない人でも、ほかのいいところを伸《の》ばせばいいんです。そうやって日本代表《にっぽんだいひょう》でも戦《たたか》えることを、僕《ぼく》は証明《しょうめい》したいなと思《おも》ってるんです。

ゲームを操《あやつ》る
スーパーレフティー
柏木《かしわぎ》陽介《ようすけ》
（浦和《うらわ》レッズ／MF《ミッドフィルダー》）

パート

7

進化編《しんかへん》

オフザボールを学《まな》んでレベルアップ！

パート7のポイント

試合《しあい》では、ボールを持《も》っている選手《せんしゅ》だけでなく、ボールを持《も》っていない選手《せんしゅ》の動《うご》き（オフザボールという）が重要《じゅうよう》になる。相手《あいて》の裏《うら》をついたり、空《あ》いたスペースに抜《ぬ》け出す技術《ぎじゅつ》を身《み》につけよう！

どうしよう
シュートコースが
ない！
渚《なぎさ》
スルーだ！
えっ！
サッ
シュ
Sunrise SC
もらった！

ドシュ
よっしゃああああああっっっ!!
勇《ゆう》太《た》のクロスは最初《さいしょ》から颯《そう》太《た》をねらったものだった!
それがわかっていたから颯《そう》太《た》はしっかり決《き》められたんだな

勇太《ゆうた》！ディフェンスラインを上《あ》げるどころかオーバーラップまでしてくれるなんて
ありがとな！
いや…颯太《そうた》のいうとおりにディフェンスラインを上《あ》げたら美空《みそら》を封《ふう》じることができたってだけさ…
それに…
颯太《そうた》たち前線《ぜんせん》の選手《せんしゅ》が攻撃《こうげき》も守備《しゅび》もがんばってるのに…
オレだけ後《うし》ろで見《み》てるわけにはいかないからな！
勇太《ゆうた》…
ワァーー
サンライズSC《エスシー》優勝《ゆうしょう》！
Sunrise SC

あ…遠野《とおの》さん どうもお世話《せわ》に なります
いや こちらこそ
あれ？ あの人《ひと》は…
颯太《そうた》！
え？
おめでとう 颯太《そうた》くん 来年《らいねん》からキミは 東光大附属中《とうこうだいふぞくちゅう》サッカー部《ぶ》の 一員《いちいん》だよ！
あ 忘《わす》れてた

いや〜〜 ハーフタイムまで 覚《おぼ》えてたんだけど 後半《こうはん》は 優勝《ゆうしょう》することしか 考《かんが》えてなくて
Sunrise SC
あはは
すっ すいません
いやあ 颯太《そうた》くんらしくて いいじゃないか
走《かける》くん こっちへ！
B.Pegasus
颯太《そうた》くん 走《かける》くん！
キミたちを ふたりとも スカウトすることに 決《き》めたよ！
ええええっ！
Sunrise SC
いやあ 私《わたし》も本当《ほんとう》に いろいろ 悩《なや》んだのだがね…
個人技《こじんぎ》と チームをまとめる力《ちから》を かね備《そな》えた 颯太《そうた》くん
どこまでも ボールに どん欲《よく》な走《かける》くん

キミたちはわが東《とう》光《こう》大《だい》附《ふ》属《ぞく》中《ちゅう》サッカー部《ぶ》のツートップにふさわしい！
B.Pegasus
Sunrise SC
東《とう》光《こう》大《だい》附《ふ》属《ぞく》中《ちゅう》サッカー部《ぶ》の未《み》来《らい》はキミたちにかかっているんだよ！
オレたちが……！
東《とう》光《こう》大《だい》附《ふ》属《ぞく》中《ちゅう》のツートップ……！
おおーっっ!! すげぇよ！
やったな！颯《そう》太《た》！
……
颯《そう》太《た》くんといっしょにサッカーができなくなっちゃう…

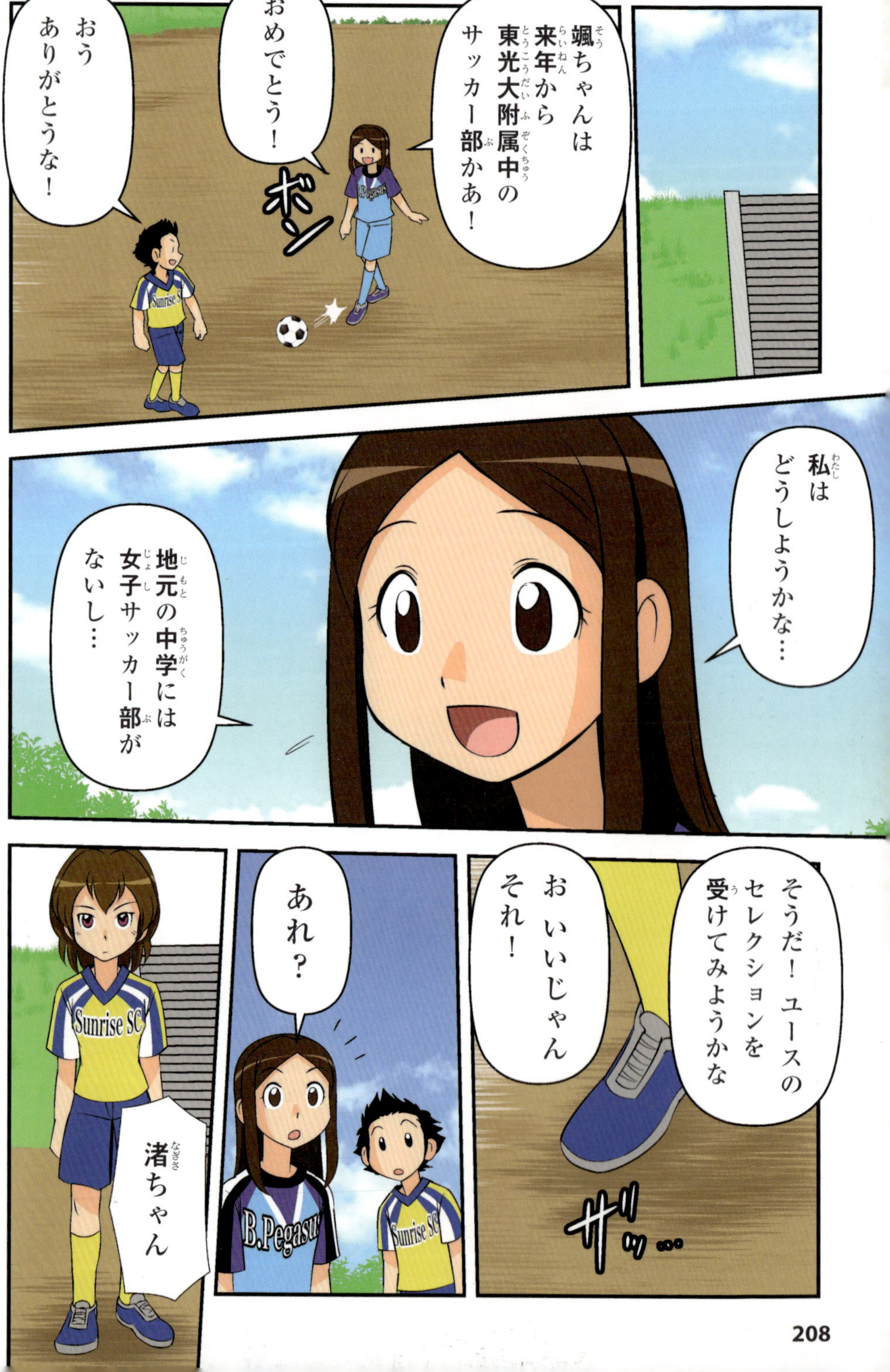
颯《そう》ちゃんは来年《らいねん》から東光大附属中《とうこうだいふぞくちゅう》のサッカー部《ぶ》かあ！
おめでとう！
ボン
おう ありがとうな！
私《わたし》はどうしようかな…
地元《じもと》の中学《ちゅうがく》には女子《じょし》サッカー部《ぶ》がないし…
そうだ！ ユースのセレクションを受《う》けてみようかな
お いいじゃん それ！
ザッ…
あれ？
渚《なぎさ》ちゃん

おお 渚《なぎさ》！
どうしたんだよ？
ザッ
ザッ
颯太《そうた》くん
ん？
私《わたし》…颯太《そうた》くんが好《す》きです！
東光大《とうこうだい》附《ふ》属中《ぞくちゅう》に なんかいかないで！ ずっと私《わたし》のそばで サッカーを やってください！
えええ!?
…渚《なぎさ》
B.Pegasus
Sunrise SC

うれしいぜ ありがとな！
颯《そう》太《た》くん
でもオレ…じつは 気《き》になる 人《ひと》がいてさ……
渚《なぎさ》の気持《きも》ちには こたえられないや ゴメンな……！
そっそれは 誰《だれ》ですか？ もしかして…!?
ど どどどど どうなの 颯《そう》ちゃん！
え えーと その… あぁうぅう…
おーい！ 高陽《たかひ》颯《そう》太《た》！
やっぱり ここにいたな！
ちょっと 練習《れんしゅう》の相手《あいて》 してくれよ！

おお
走《かける》!
オレもそれ
思《おも》ってたんだよ
ダダダ
東光大附属中《とうこうだいふぞくちゅう》に
決《き》まったもの同士《どうし》
よろしく
たのむぜ!
助《たす》かったーー
おう
もちろんだぜ!
いくぜ!
走《かける》!
おう!
颯《そう》ちゃん!
待《ま》って〜!!
気《き》になる人《ひと》って
だれよ〜!?
にげないで
ください!
颯太《そうた》くん!
おわり
(実技《じつぎ》のページは続《つづ》くよ!)

マークを外《はず》してパスを受《う》ける！①

相手《あいて》（マーク）の近くでパスを受《う》けると、すばやく攻撃《こうげき》にうつれない。自由《じゆう》に攻撃《こうげき》するために、相手《あいて》からはなれてパスを受《う》けよう。

◆相手《あいて》の視界《しかい》から外《はず》れて裏《うら》へ走りこむ

●相手《あいて》がボールを見ているスキをつく

相手《あいて》がボールだけを見ていたら、スッと後《うし》ろへ下がり相手《あいて》の視界《しかい》の外《そと》に出る。そこからダッシュで裏《うら》のスペースに走りこんでパスを受《う》けよう。

3
裏《うら》のスペースにダッシュして攻《こう》撃《げき》に移《うつ》る。

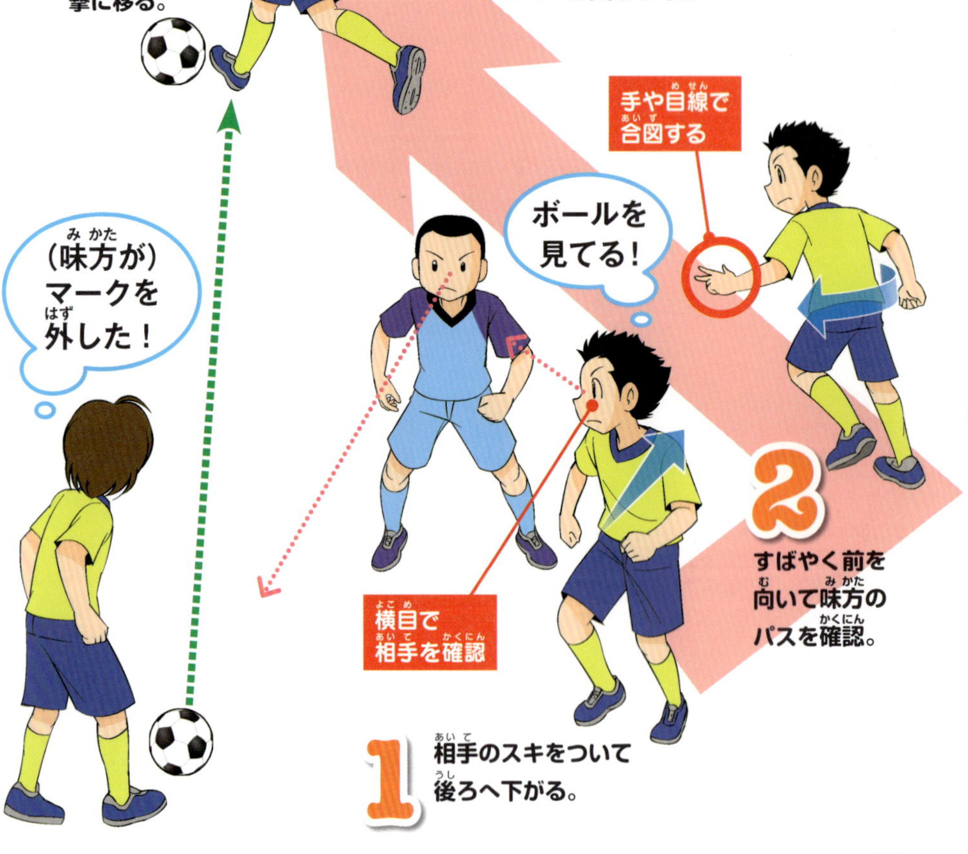
手や目線《めせん》で合図《あいず》する
ボールを見てる！
2
すばやく前を向《む》いて味方《みかた》のパスを確認《かくにん》。
（味方《みかた》が）マークを外《はず》した！
横目《よこめ》で相手《あいて》を確認《かくにん》
1
相手《あいて》のスキをついて後《うし》ろへ下がる。

うまくなるコツ **まずは裏《うら》のスペースをねらう**

パスを受《う》けるときの優先順位《ゆうせんじゅんい》の1番《ばん》目《め》は、相手《あいて》の後《うし》ろ（裏《うら》）のスペースに出てパスを受《う》けること。2番目《ばんめ》が足もとで受《う》けてワンタッチで相手《あいて》の前に出ることだ。どちらの場合《ばあい》も相《あい》手《て》の視線《しせん》を確認《かくにん》し、ボールに気をとられている瞬間《しゅんかん》に動《うご》き出すと、パスを受《う》けやすくなるぞ。

◆相手《あいて》の横《よこ》にはなれてパスを受《う》ける

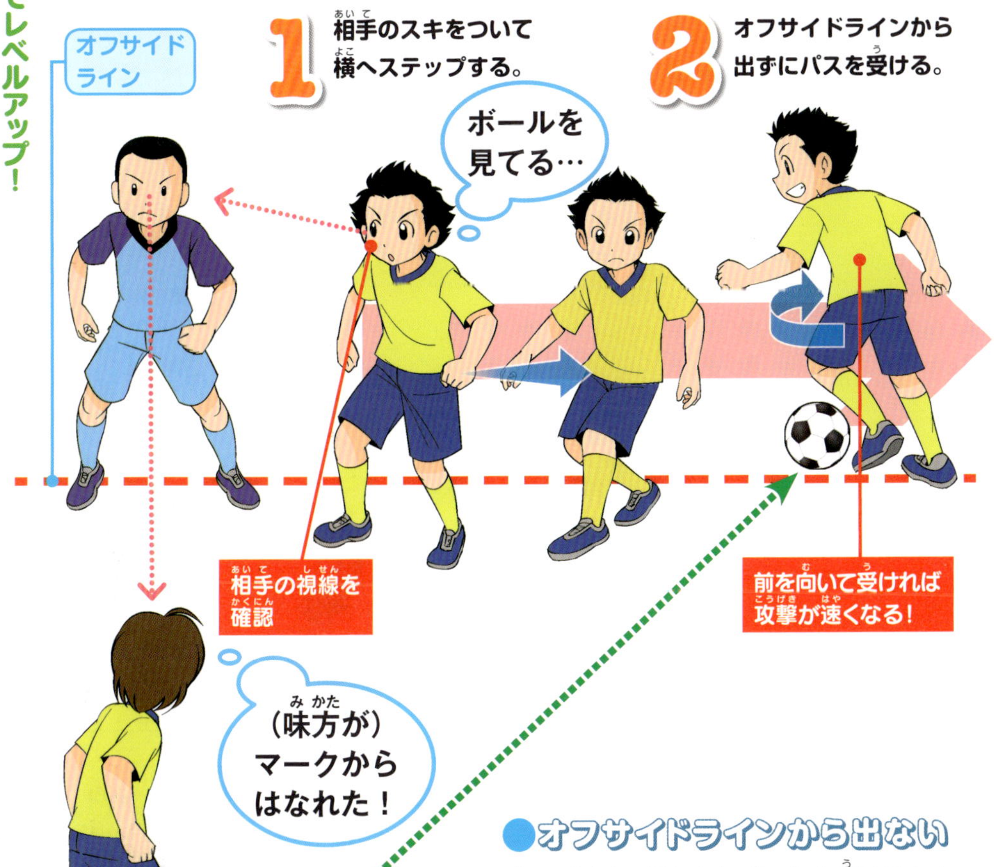
オフサイドライン
1 相手《あいて》のスキをついて横《よこ》へステップする。
2 オフサイドラインから出ずにパスを受《う》ける。
ボールを見てる…
相手《あいて》の視線《しせん》を確認《かくにん》
前を向《む》いて受《う》ければ攻撃《こうげき》が速《はや》くなる！
（味方《みかた》が）マークからはなれた！

●オフサイドラインから出ない

ゴール近くで足もとにボールを受《う》けるときなどは、とくにオフサイドに注意《ちゅうい》する。相《あい》手《て》と横《よこ》に並《なら》んだ位置《いち》（オフサイドライン）から前に出ないまま、すばやく横《よこ》にはなれてパスを受《う》けよう。

パート7
進化編

2 マークを外《はず》してパスを受《う》ける！②

マークを外《はず》すには、相手《あいて》のスキをついて動《うご》くほかに、わざと相手《あいて》をさそい出してからはなれる方法《ほうほう》もある。さまざまなパターンを知《し》ろう。

◆相手《あいて》を引きつけてから裏《うら》をねらう

●横《よこ》への移動中《いどうちゅう》にかわす

一度横《いちどよこ》にゆっくりとステップして相手《あいて》を引きつけ、相手《あいて》が横方向《よこほうこう》にステップしている途中《とちゅう》で一気《いっき》に縦《たて》に走ることで、相手《あいて》との距離《きょり》を引きはなそう。

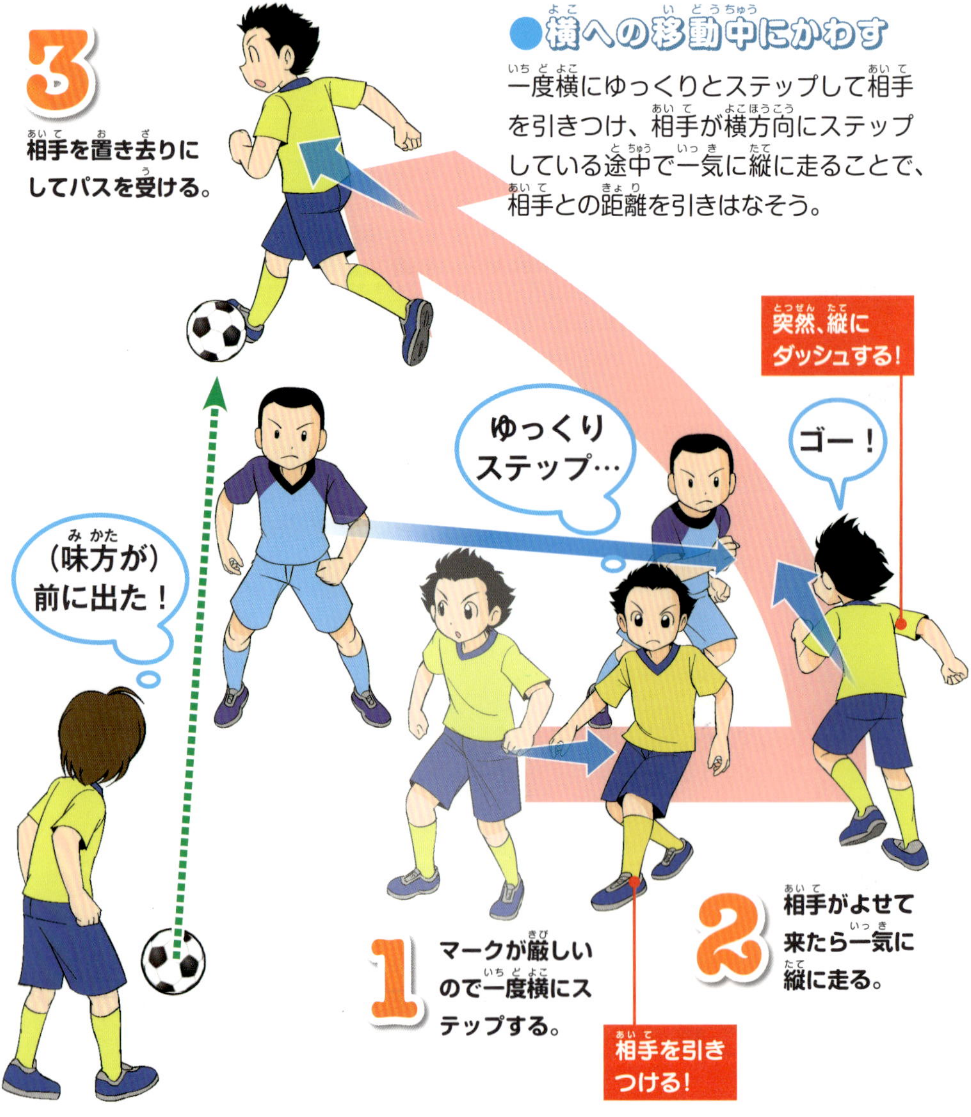
3
相手《あいて》を置《お》き去《ざ》りに
してパスを受《う》ける。
突然《とつぜん》、縦《たて》に
ダッシュする！
ゆっくり
ステップ…
ゴー！
（味方《みかた》が）
前に出た！
1
マークが厳《きび》しい
ので一度横《いちどよこ》にス
テップする。
2
相手《あいて》がよせて
来たら一気《いっき》に
縦《たて》に走る。
相手《あいて》を引き
つける！

◆相手《あいて》をさそい出してから中をねらう

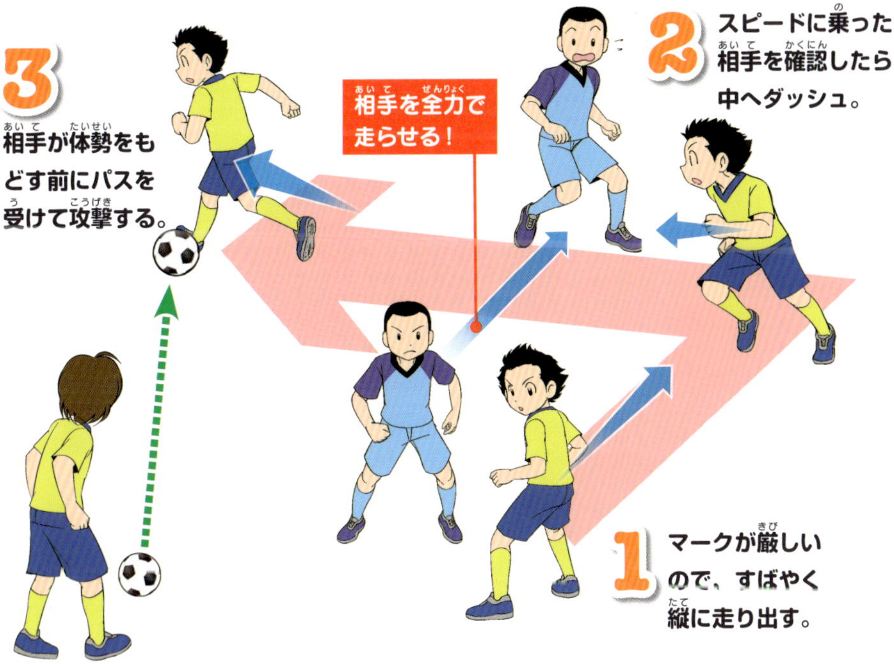
3
相手《あいて》が体勢《たいせい》をもどす前にパスを受《う》けて攻撃《こうげき》する。
相手《あいて》を全力《ぜんりょく》で走らせる!
2
スピードに乗《の》った相手《あいて》を確認《かくにん》したら中へダッシュ。
1
マークが厳《きび》しいので、すばやく縦《たて》に走り出す。

◆前を向《む》いて受《う》けるため一度《いちど》遠《とお》ざかる

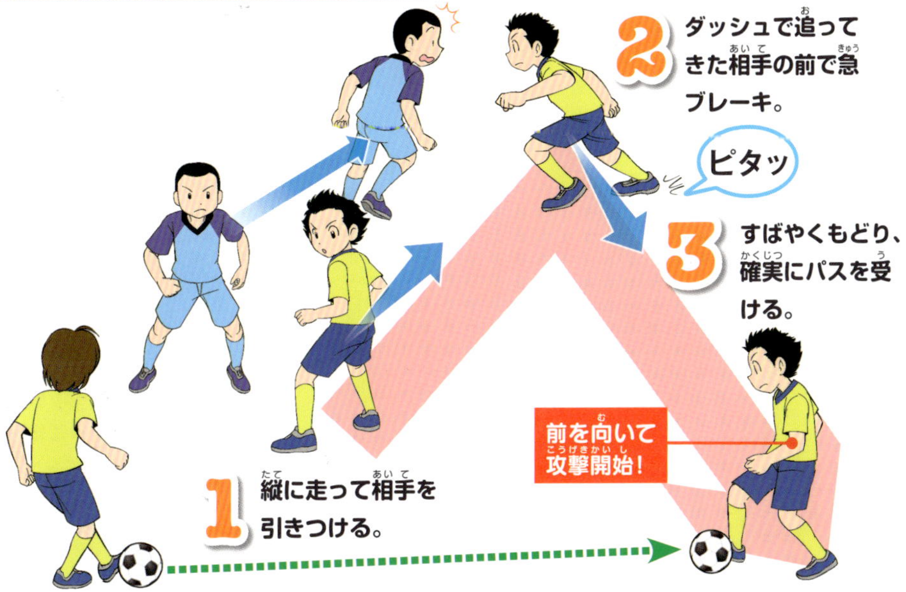
2
ダッシュで追《お》ってきた相手《あいて》の前で急《きゅう》ブレーキ。
ピタッ
3
すばやくもどり、確実《かくじつ》にパスを受《う》ける。
前を向《む》いて攻撃開始《こうげきかいし》!
1
縦《たて》に走って相手《あいて》を引きつける。

パート7
進化編
3 スローインを確実《かくじつ》に受《う》ける！

スローインを確実《かくじつ》につなぐことで、攻撃《こうげき》のチャンスが広《ひろ》がる。基《き》本的《ほんてき》な動《うご》きはパスのときと同じだが、そのパターンを覚《おぼ》えておこう。

◆相手《あいて》をさそい出してからはなれる

●前をおさえにきたところでもどる

マークがきついときは、一度《いちど》前（攻撃方向《こうげきほうこう》）に出る。前にいかせたくない相手《あいて》がおさえに来たら、急《きゅう》ブレーキをかけて後《うし》ろへ下がることで、相手《あいて》からはなれて受《う》けよう。

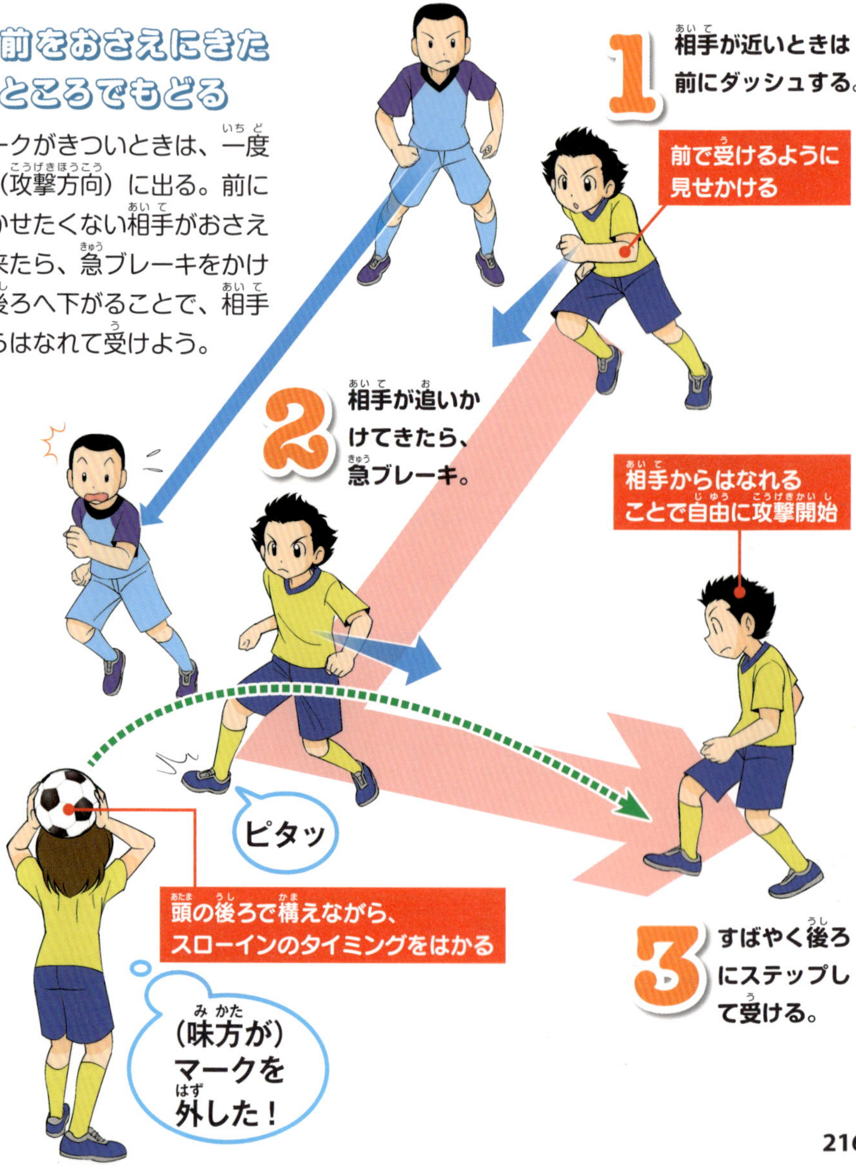

1
相手《あいて》が近いときは前にダッシュする。
前で受《う》けるように見せかける
2
相手《あいて》が追《お》いかけてきたら、急《きゅう》ブレーキ。
相手《あいて》からはなれることで自由《じゆう》に攻撃開始《こうげきかいし》
ピタッ
頭《あたま》の後《うし》ろで構《かま》えながら、スローインのタイミングをはかる
3
すばやく後《うし》ろにステップして受《う》ける。
（味方《みかた》が）マークを外《はず》した！

◆相手《あいて》を引きつけてから裏《うら》で受《う》ける

●相手《あいて》の背後《はいご》からダッシュ

前に出て受《う》けたいけど、相手《あいて》の目の前を横切《よこぎ》ろうとしてもついてこられる。そこで、一度《いちど》後《うし》ろへステップして相手《あいて》を引きつけ、相手《あいて》の背後《はいご》から前にダッシュしよう。

3
スローインを
受《う》けてそのま
ま攻撃開始《こうげきかいし》。
(味方《みかた》が)
フリーに
なった！
2
急《きゅう》ターンして
相手《あいて》の背後《はいご》か
ら前に出る。
スローインの選手《せんしゅ》を
見ながら下がる
1
後《うし》ろへのステッ
プで相手《あいて》を引き
つける。
足もとめがけて
すばやく投《な》げる！

パート7
進化編
4

DF《ディフェンス》ラインを突破《とっぱ》する！

ゴールの確率《かくりつ》を上げるには、やはりGK《ゴールキーパー》と1対《たい》1の場面《ばめん》をたくさんつくることだ。DF《ディフェンス》ラインの裏《うら》に抜《ぬ》け出すパターンを学《まな》ぼう。

◆スルーパスで抜《ぬ》け出す

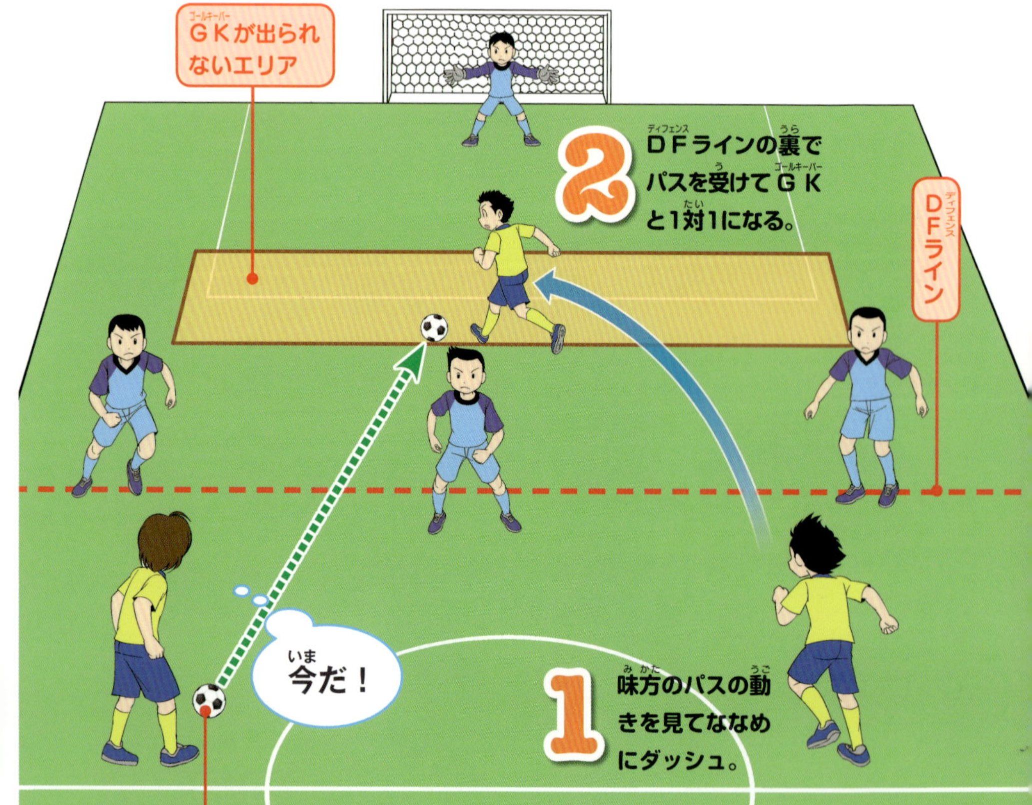
GK《ゴールキーパー》が出られないエリア
2 DF《ディフェンス》ラインの裏《うら》でパスを受《う》けてGK《ゴールキーパー》と1対《たい》1になる。
DF《ディフェンス》ライン
今《いま》だ！
1 味方《みかた》のパスの動《うご》きを見てななめにダッシュ。
味方《みかた》がDF《ディフェンス》ラインを越《こ》える前にパスを出す

●ななめに走る

スルーパスに真《ま》っすぐ走ろうとすると、パスする選手《せんしゅ》と呼吸《こきゅう》が合《あ》わずにオフサイドになることがある。そこでななめに走ってタイミングをわずかに遅《おく》らせ、オフサイドギリギリで裏《うら》のスペースへ抜《ぬ》け出そう。

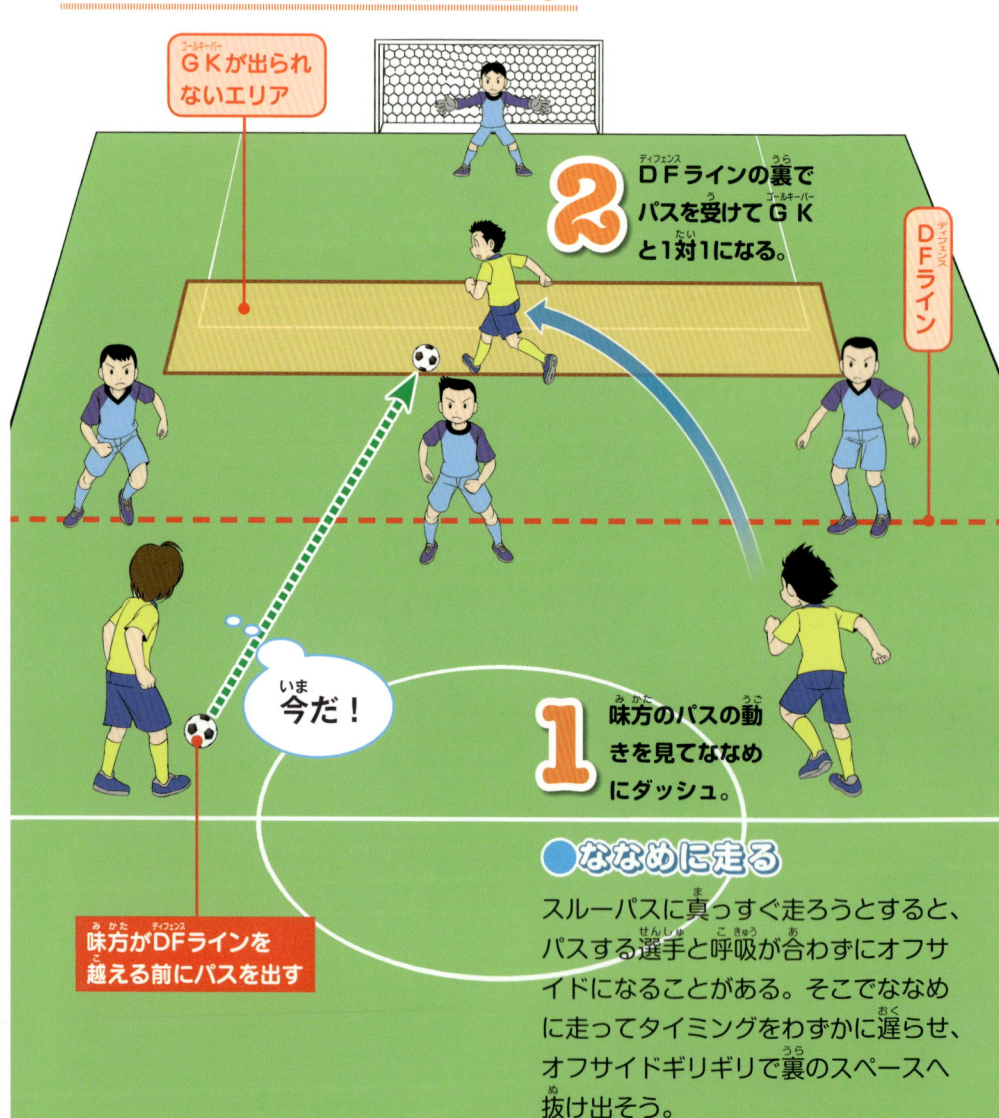

◆ワンツーパスで突破《とっぱ》する

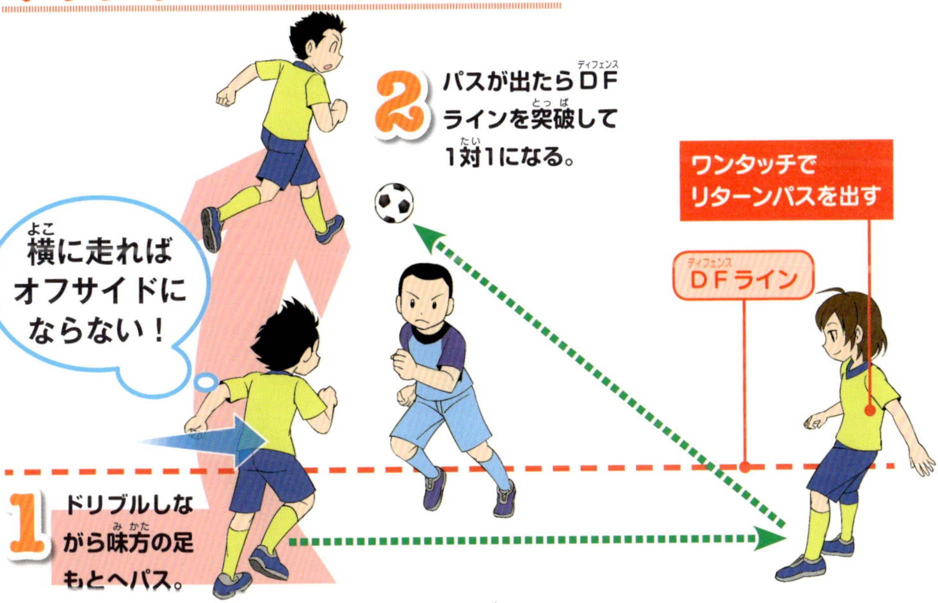
2 パスが出たらDF《ディフェンス》ラインを突破《とっぱ》して1対《たい》1になる。
ワンタッチでリターンパスを出す
DF《ディフェンス》ライン
横《よこ》に走ればオフサイドにならない！
1 ドリブルしながら味方《みかた》の足もとへパス。

◆DF《ディフェンス》ライン上《じょう》の2人の間《あいだ》から飛《と》び出す

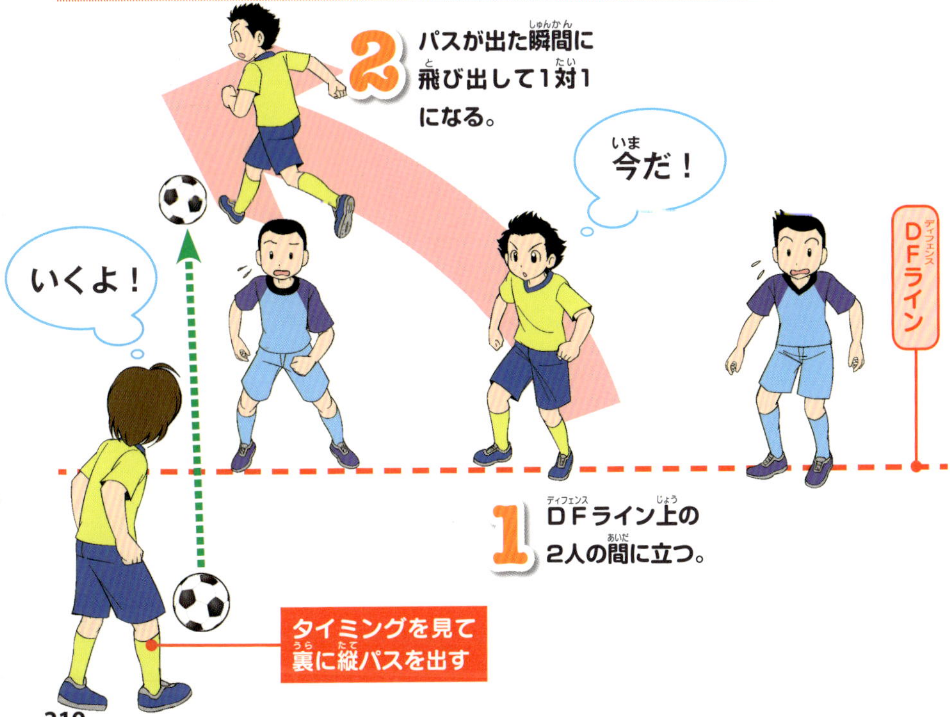
2 パスが出た瞬間《しゅんかん》に飛《と》び出して1対《たい》1になる。
今《いま》だ！
いくよ！
DF《ディフェンス》ライン
1 DF《ディフェンス》ライン上《じょう》の2人の間《あいだ》に立つ。
タイミングを見て裏《うら》に縦《たて》パスを出す

パート7
進化編
5

心《こころ》を整《ととの》えよう！

「緊張《きんちょう》していつも通《どお》りのプレーができない……」。でも「緊張《きんちょう》するのは当たり前！」という気《き》持《も》ちを持《も》って前《まえ》向《む》きに試合《しあい》にのぞもう。

◆緊張《きんちょう》から逃《に》げずに向《む》き合《あ》う

緊張《きんちょう》しているのはオレだけじゃない……

自分だけが緊張《きんちょう》していると思うから、動《うご》きが悪《わる》くなる。
緊張《きんちょう》をゼロにする努力《どりょく》はしなくてもいいのだ。

うまくなるコツ 緊張《きんちょう》の度合《どあ》いを数字《すうじ》にする

一番緊張《いちばんきんちょう》したときを100として、思いどおりの動《うご》きができるギリギリの緊張《きんちょう》を65と決《き》めておく。試合《しあい》前に緊張《きんちょう》してしまったら、冷静《れいせい》にその度《ど》合《あ》いを数字《すうじ》にしてみよう。たとえば70の緊張《きんちょう》なら、「たった5落《お》とせばOK！」と思うと体のかたさがスッとほぐれるはずだ。

◆ルーティンをしよう！

いつもと同じ行動《こうどう》をして試合《しあい》にのぞんだりすることを「ルーティン」という。緊張《きんちょう》する原因《げんいん》のひとつは、練習《れんしゅう》と試合《しあい》で気持《きも》ちと行動《こうどう》が大きく違《ちが》ってしまうため。だからルーティンをすることで心《こころ》を落《お》ちつかせて、普段通《ふだんどお》りのプレーができるようになろう。

練習《れんしゅう》でも試合《しあい》でも、必《かなら》ず左足→右足の順《じゅん》でクツをはくのもルーティンのひとつだ。

◆自分に言い聞《き》かせよう！

自分に言い聞《き》かせる意味《いみ》で大切《たいせつ》なのが、前向《む》きな考《かんが》え方をすること。そしてそれを大きく声《こえ》に出すことで、緊張《きんちょう》をふきとばしてしまうのだ。

今日《きょう》はぜったいにゴールできる！
体が軽《かる》くなってきたぞ！
負《ま》ける気がしない！
すっげえいいことありそう！

プロサッカー選手“少年時代”の練習法⑦

試合《しあい》に役立《やくだ》った“ハイボール”の練習《れんしゅう》!

Jリーグ最多出場《さいたしゅつじょう》のスーパーキーパー
楢崎正剛《ならざきせいごう》
(名古屋《なごや》グランパス/GK《ゴールキーパー》)

僕《ぼく》は小学校《しょうがっこう》4年生《ねんせい》からサッカーをはじめたのですが、当時《とうじ》からGK《ゴールキーパー》もやっていました。GK《ゴールキーパー》として練習《れんしゅう》していたのは、とにかく**「キャッチングの基本練習《きほんれんしゅう》」**が多《おお》かったです。**ボールの正面《しょうめん》に入って両手《りょうて》でしっかりとキャッチする**動《うご》きを体にしみこませたことで、中学《ちゅうがく》、高校《こうこう》に進《すす》んだときに、横《よこ》へのシュートに跳《と》ぶセービングもスムーズに身《み》につきました。

あとは**「ハイボールの練習《れんしゅう》」**ですね。まず自分の手でボールを上げてキャッチ。慣《な》れてきたらボールを蹴《け》り上げて、落下点《らっかてん》にすばやく入ってキャッチする。友《とも》だちに蹴《け》ってもらってもいいと思《おも》います。これをくり返《かえ》すことで、**ロングボールやクロスボールの落下点《らっかてん》を予測《よそく》できて、どう対応《たいおう》すればいいかわかる**ようになったんです。

今《いま》、GK《ゴールキーパー》をしているみんなには、**スタジアムでプロの試合《しあい》をよく見てほしいです。**立っている位置《いち》とか、手や足の出し方とか、すごく参考《さんこう》になるはずです。僕《ぼく》は、GK《ゴールキーパー》はストライカーと同《おな》じくらい大事《だいじ》なポジションだと思《おも》っています。だからみんなにもぜひ挑戦《ちょうせん》してほしいですね。

覚《おぼ》えておけばピンチを防《ふせ》げる

よくあるファウルと罰則《ばっそく》

サッカーは相手とのぶつかり合いが多いスポーツだ。激《はげ》しすぎるプレーでケガなどをしないよう、ルールをしっかりと守ってプレーしよう。

ファウルタックル

相手《あいて》の後ろからのタックルや、足の裏《うら》を見せてのタックル。

ホールディング

相手《あいて》のユニフォームや腕《うで》をつかみ、プレーのじゃまをする行為《こうい》。

ＧＫ《ゴールキーパー》への妨害《ぼうがい》

ＧＫ《ゴールキーパー》がパントキックをするとき、じゃまをして蹴《け》らせないようにする行為《こうい》。

おもなファウル	● 相手を蹴《け》る。 ● 相手をつまずかせる。 ● 相手を押《お》す。 ● 相手に危険《きけん》なタックルをする。 ● 相手を引っ張《ば》る。 ● ボールを手や腕《うで》でふれる…など。	● ＧＫ《ゴールキーパー》が手で6秒以上持《も》っている。 ● ＧＫ《ゴールキーパー》が手から放《はな》したボールを、再《ふたた》び手でふれる。 ● ＧＫ《ゴールキーパー》へのパスを手でふれる。 ● スローインを直接《ちょくせつ》受けて手でふれる。 ● 相手の進行《しんこう》をじゃまする。 ● ＧＫ《ゴールキーパー》がボールを手から放《はな》すのをじゃまする…など。
罰則《ばっそく》	ペナルティーエリア外なら**直接《ちょくせつ》フリーキック**。ペナルティーエリア内なら**ペナルティーキック(PK《ピーケー》)**になる。	ペナルティーエリアの内側《うちがわ》でも外側《そとがわ》でも、すべて**間接《かんせつ》フリーキック**になる。

用語《ようご》の説明《せつめい》

直接《ちょくせつ》フリーキック……ファウルがあった場所《ばしょ》からボールを蹴《け》り、直接《ちょくせつ》ゴールに入った場合も得点になる。

間接《かんせつ》フリーキック……ファウルがあった場所《ばしょ》からボールを蹴《け》り、直接《ちょくせつ》ゴールに入った場合は得点にならず、相手にゴールキックが与えられる。

ペナルティーキック（ＰＫ《ピーケー》）……ペナルティーエリア内で直接《ちょくせつ》フリーキックになるファウルをした場合に与えられる。ペナルティーマークからボールを蹴《け》り、直接《ちょくせつ》ゴールに入った場合も得点になる。

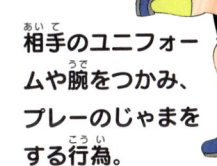

●マンガ原作――――岸 智志（スタジオ ライティングハイ）
●マンガ・イラスト―工藤ケン
●執筆協力――――粂田孝明　清水英斗　尾崎ルミ
●取材協力――――浦和レッズ　鹿島アントラーズ
ガンバ大阪　サンフレッチェ広島　名古屋グランパス
●デザイン――――志岐デザイン事務所（矢野貴文）
●DTP――――KGスカイ
●写真提供――――ゲッティイメージズ　スポニチ
●編集協力――――関根 淳

※本書内の「プロサッカー選手“少年時代”の練習法」は、プロサッカー選手のみなさまに取材にご協力いただき構成しております。ご協力、誠にありがとうございました。

マンガでもっとうまくなる
少年《しょうねん》サッカー　実践編《じっせんへん》

●編　者――――西東社編集部
●発行者――――若松 和紀
●発行所――――株式会社西東社《せいとうしゃ》
〒113-0034 東京都文京区湯島2-3-13
営業部：TEL（03）5800-3120　FAX（03）5800-3128
編集部：TEL（03）5800-3121　FAX（03）5800-3125
URL：http://www.seitosha.co.jp/

ISBN978-4-7916-2453-9